이화 한국어

이화 한국어 Workbook 1-1

지은이 이미혜 · 구재희 · 박선현 · 안소정 · 오유영

펴낸날 1판 1쇄 2011년 5월 31일
11쇄 2025년 12월 22일

펴낸이 주소현 **펴낸곳** 이화여자대학교출판문화원
주소 서울특별시 서대문구 이화여대길 52(우 03760) **등록** 1954년 7월 6일 제9-61호
전화 02) 3277-2965(편집), 02) 362-6076(마케팅)
팩스 02) 312-4312 **전자우편** press@ewha.ac.kr **홈페이지** www.ewhapress.com

책임편집 이혜지 **디자인** design **Vita** **일러스트** 양승용
녹음 정영진 **성우** 최정호, 최하나 **인쇄** 한영문화사

ISBN 978-89-7300-916-9 18710
978-89-7300-875-9 (세트)
값 10,000원

* 잘못된 책은 구입처에서 바꾸어 드립니다.

이화여자대학교 언어교육원
Ewha Womans University
Ewha Language Center

이화 한국어

이미혜 · 구재희 · 박선현 · 안소정 · 오유영 지음

Workbook 1-1

KOREAN Ewha

책을 펴내면서

이화여자대학교 언어교육원은 국내 최초의 의사소통 중심 교재『말이 트이는 한국어(Pathfinder in Korean)』를 발간한 지 12년 만에 새로운 의사소통 중심 교재『이화 한국어(Ewha Korean)』를 발간하게 되었습니다. 지난 10여 년 동안『말이 트이는 한국어(Pathfinder in Korean)』는 세계 각국에서 한국어 교재로 널리 사용되어 왔으며 현재까지도 외국인들에게 한국어 학습의 좋은 길잡이가 되고 있습니다. 그러나 새로운 시대 흐름에 맞춘 교재 집필이 필요하다고 생각되어 언어교육원에서는 2008년부터『이화 한국어(Ewha Korean)』 개발에 착수하였으며, 교육과학기술부의 '2009 한국어 연수 프로그램 지원사업'에 선정되어 교재 개발에 박차를 가할 수 있게 되었습니다. 그리고 지난 일 년 간 언어교육원 한국어 과정에서 몇 차례의 시험 사용, 수정 작업을 거쳐 발간하기에 이르렀습니다.『이화 한국어(Ewha Korean)』 시리즈는 1급에서 6급까지 총 30권의 교재와 연습서로 구성되며, 앞으로 단계적으로 발간될 예정입니다.

『이화 한국어(Ewha Korean)』는 말하기 · 듣기 · 읽기 · 쓰기의 통합 교재이며 초급부터 고급까지 연계적으로 구성되어 있습니다. 이 교재는 네 가지 언어 기능의 균형 있는 발전을 유도하면서도 특히 말하기 능력을 강화하도록 고안된 것이 특징입니다. 말하기 연습을 유도하는 장치로 'Try it'을 활용하였는데 이것은 외국인 학습자가 주도적으로 대화를 이끌어 갈 수 있도록 담화 순서와 문장의 핵심어를 담은 것입니다. 이 장치를 따라 말하기 연습을 함으로써 학습자는 단순 암기 방식에서 벗어나서 주도적으로 대화를 이끌어 가는 능력을 기를 수 있을 것입니다. 또한 최근 학습자 성향과 편의를 고려하여 1~3급은 교재를 두 권으로 구성하였으며, 1급과 2급은 영어, 일본어, 혹은 중국어(간체, 번체)로 설명을 넣는 등 세밀하게 학습자 요구를 반영하고자 하였습니다.

이화여자대학교 언어교육원을 대표하여,『이화 한국어(Ewha Korean)』가 출간되기까지 이 책의 저자들이 쏟은 열정과 노고에 대해서 깊은 감사를 드립니다. 또한 내용 구성에 많은 조언을 해 주신 이해영, 김영규, 최형용, 박선희 교수님께 감사의 말씀을 드리며, 문학 부분에 조언을 해 주신 김현자 교수님께도 감사의 말씀을 드립니다. 또한 편집과 출판을 맡아 주신 이화여자대학교출판문화원에도 고마움을 전합니다.

앞으로『이화 한국어(Ewha Korean)』가 국내외에서 한국어 교재로 널리 활용되어 한국어를 쉽고 재미있고 효과적으로 교수 · 학습하는 데 기여하기를 기대합니다.

2010년 6월

이화여자대학교 언어교육원

원장 양 혜 순

차례

Workbook 구성표

단원	제목	내용		
		어휘	준비합시다	말해 봅시다
1	한국어와 한글	모음(1), 자음(1), 모음(2), 자음(2), 받침, 문장		
2	소개	사물 국적 직업	입니다, 입니까 은/는(주제) 이/가 아닙니다 수 ①	자기 소개하기 표현 만났을 때 인사하기 직업 묻기 국적 묻기
3	학교생활	요일 학교생활 장소	−습니다, −습니까 이/가 을/를 날짜 에(방향)	한국 생활에 대해 말하기 표현 날짜 묻기 요일 묻기 한국 생활에 대해 묻기
4	집	위치 물건 가구	이, 그, 저 에(위치) 하고, 과/와 −(으)세요 (으)로(방향)	장소 위치 설명하기 표현 장소 위치 묻기 방향 지시하기
5	하루 일과	일상생활 수 시간	수 ② 시간 에(시간) 부터~까지 −아/어요	문화센터 정보 얻기 표현 프로그램에 대해 묻기
6	주말	주말 활동 시간 장소	에서(장소) 안 으 탈락 −았/었− 도	여행 경험 말하기 표현 지난 휴가 묻기 주말 활동 묻기
7	가족	가족 관계 나이 직업	나이 은/는(대조) −(으)시− ㄹ 탈락 만	가족 소개하기 표현 가족의 수 묻기 가족 직업 말하기

내 용	
들어 봅시다	읽고 써 봅시다
받아쓰기 전화번호 듣고 쓰기 사무실을 묻는 대화 듣기	자기 소개의 글 읽기 명함을 보고 자기 소개의 글 완성하기
받아쓰기 날짜 듣고 고르기 한국 생활에 대한 대화 듣기	동아리 안내문 읽기 컴퓨터로 한국 생활에 대해 친구와 대화하기
받아쓰기 물건 위치 듣고 쓰기 사무실 열쇠에 대한 대화 듣기	회사 시설 위치에 대한 글 읽기 기숙사 소개의 글 읽기 방 소개의 글 완성하기
받아쓰기 시간 듣고 쓰기 병원 시간을 묻는 대화 듣기	하루 일과에 대한 글 읽기 하루 일과의 글 완성하기
받아쓰기 주말 활동에 대한 대화 듣기 어제 한 일에 대한 대화 듣기	주말 활동에 대한 글 읽기 주말 활동에 대한 글 완성하기
받아쓰기 형제에 대한 대화 듣고 쓰기 부모님에 대한 대화 듣기	선생님 소개의 글 읽기 가족 소개의 글 읽기 가족 소개의 글 완성하기

Workbook 구성과 사용법

- 『이화 한국어 Workbook 1-1』, 『이화 한국어 Workbook 1-2』는 『이화 한국어 1-1』, 『이화 한국어 1-2』에 맞춰 개발된 연습서입니다. 이 연습서는 교재 내용에 대해 보충 학습, 심화 학습이 가능하도록 설계하였으며, 교실 내 수업과 개인 학습에서 모두 사용할 수 있도록 개발하였습니다.
- 『이화 한국어 Workbook 1-1』, 『이화 한국어 Workbook 1-2』는 교재 구성에 맞춰 **어휘** ⇨ **준비합시다** ⇨ **말해 봅시다** ⇨ **들어 봅시다** ⇨ **읽고 써 봅시다** 로 구성하였습니다.

어휘 단원의 주요 어휘에 대한 연습과 퍼즐입니다. 이 부분에서 다룬 어휘들은 단원의 필수 어휘이므로 반드시 학습자가 기억해야 하는 내용들입니다.

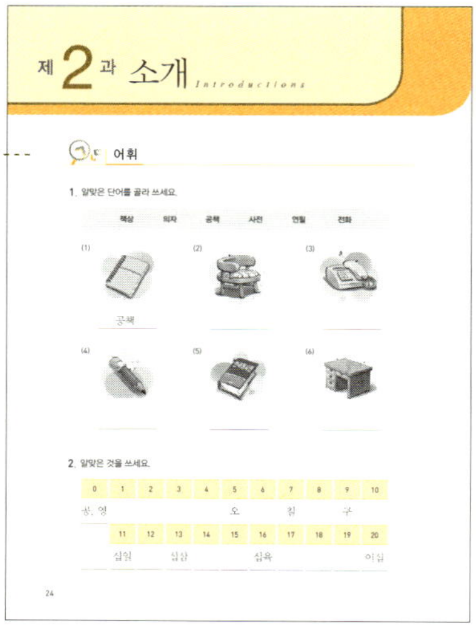

준비합시다 단원의 문법 항목에 대해 1~2개의 연습을 제시하여 정확한 문법 사용 능력을 기를 수 있도록 설계하였습니다. 이 부분에서 다룬 연습 문제는 교재의 문법 학습 시에 함께 사용할 수 있으며, 학습자 스스로 복습 자료로 사용할 수도 있습니다.

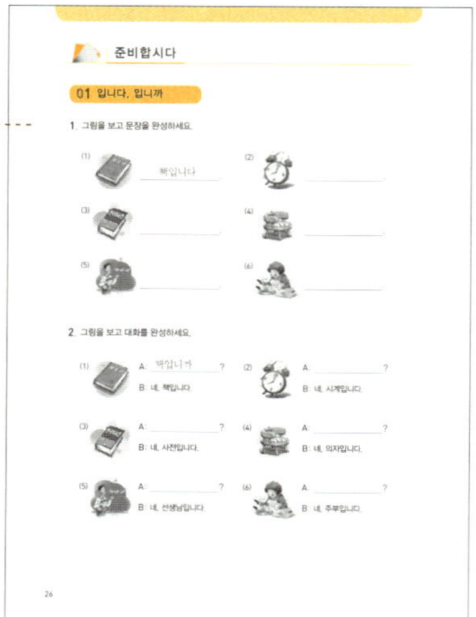

말해 봅시다 단원의 Part 1, Part 2에서 다룬 표현(기능 표현)과 말하기 과제를 연습하는 부분입니다. 워크북의 대화는 교재의 말하기 과제와 상황은 유사하지만 내용이 일부 변형되어 있으므로 교재 학습 후에 추가 자료로 사용할 수 있습니다. 말하기 연습이지만 개인 학습을 고려하여 '대화문의 빈칸 채우기'로 구성하였으므로 대화 상대자가 없어도 활용이 가능합니다.

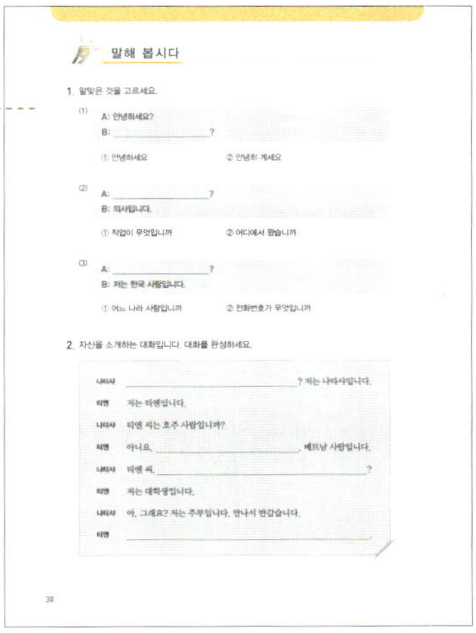

들어 봅시다 '듣고 쓰기', '듣고 이해하기' 연습입니다. 초급의 특성을 고려하여 단원의 주요 어휘와 문법을 포함한 5개의 받아쓰기를 제시하였습니다. 그리고 간단한 대화, 좀더 긴 대화 듣기 연습을 제시하였습니다.

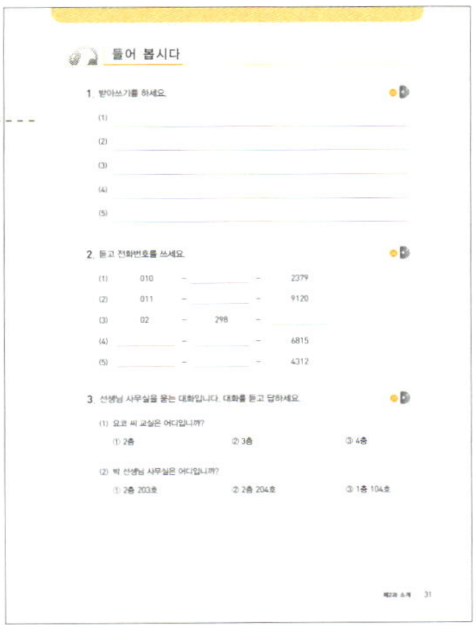

읽고 써 봅시다 읽기와 쓰기의 통합 연습입니다. '읽기'는 짧고 간단한 글에서 좀더 길고 복잡한 글로 확장하여 제시하였습니다. 그리고 읽기 주제, 과제와 관련된 글쓰기를 제시하였습니다. '쓰기'는 쓸 내용을 메모하는 부분, 글을 쓰는 부분으로 나누었는데 이것은 과정 중심의 쓰기를 유도하고, 유도된 쓰기를 통해 학습자 부담을 줄여 주고자 하는 의도입니다. '듣기 지문 및 정답' 부분에 모범글을 제시하였으므로 학습자 스스로 확인 학습이 가능할 것입니다.

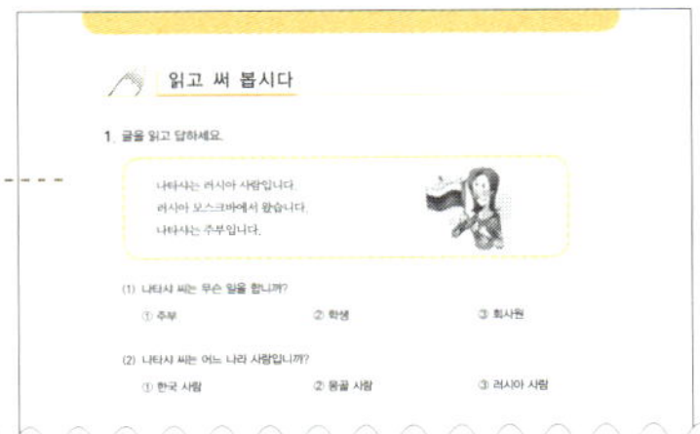

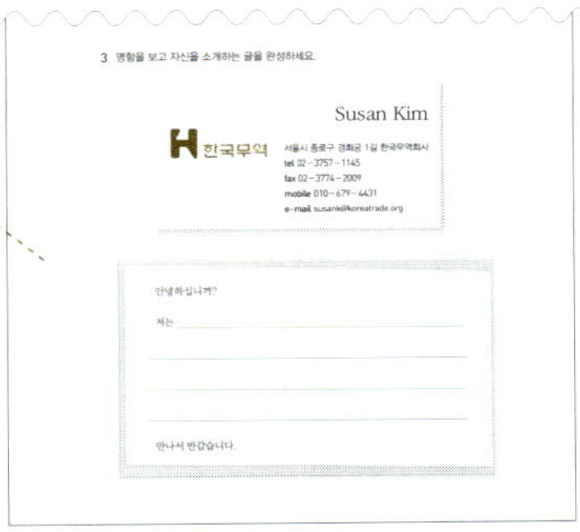

Korean and Hangeul

제 1 과 한국어와 한글

01 모음(1)

1. 듣고 따라 하세요.

(1)	아	야	어	여
(2)	오	요	우	유
(3)	으	이	아어	오우

2. 듣고 알맞은 것을 고르세요.

(1) ① 오어 ② 오아 ③ 어오

(2) ① 유우 ② 으유 ③ 우유

(3) ① 여유 ② 요유 ③ 야유

(4) ① 어여 ② 오요 ③ 아야

(5) ① 이아 ② 아이 ③ 아아

3. 글자를 완성하세요.

(1) ㅇ + ㅏ = 아 (2) ㅇ + ㅑ = 야

(3) ㅇ + ㅣ = 이 (4) ㅇ + ㅗ = 오

(5) ㅇ + ㅠ = 유 (6) ㅇ + ㅡ = 으

4. 다음을 읽고 써 보세요.

아	아	
야	야	
어	어	
여	여	
오	오	
요	요	
우	우	
유	유	
으	으	
이	이	

오		오	
이		이	
아야		아야	
아이		아이	
여우		여우	
오이		오이	
우유		우유	

5. 듣고 단어를 쓰세요.

(1) | 우 | |

(2) | 여 | |

(3) | | 이 |

(4) | | 이 |

02 자음(1)

1. 듣고 따라 하세요. 5

(1)	가	거	고	구	기
(2)	다	더	도	두	디
(3)	마	머	모	무	미
(4)	바	버	보	부	비
(5)	자	저	조	주	지
(6)	하	허	호	후	히

2. 듣고 알맞은 것을 고르세요. 6

(1) ① 소 ② 조 ③ 초

(2) ① 코 ② 토 ③ 호

(3) ① 라 ② 나 ③ 다

(4) ① 모 ② 며 ③ 무

(5) ① 자 ② 서 ③ 주

(6) ① 호 ② 히 ③ 스

3. 글자를 완성하세요.

	ㅏ	ㅑ	ㅓ	ㅕ	ㅗ	ㅛ	ㅜ	ㅠ	ㅡ	ㅣ
ㄱ	가	갸	거	겨	고	교	구	규	그	기
ㄴ	나	냐	너	녀	노	뇨	누	뉴	느	니
ㄷ	다	댜	더	뎌	도	됴	두	듀	드	디
ㄹ	라	랴	러	려	로	료	루	류	르	리
ㅁ	마	먀	머	며	모	묘	무	뮤	므	미
ㅂ	바	뱌	버	벼	보	뵤	부	뷰	브	비
ㅅ	사	샤	서	셔	소	쇼	수	슈	스	시
ㅇ	아	야	어	여	오	요	우	유	으	이
ㅈ	자	쟈	저	져	조	죠	주	쥬	즈	지
ㅊ	차	챠	처	쳐	초	쵸	추	츄	츠	치
ㅋ	카	캬	커	켜	코	쿄	쿠	큐	크	키
ㅌ	타	탸	터	텨	토	툐	투	튜	트	티
ㅍ	파	퍄	퍼	펴	포	표	푸	퓨	프	피
ㅎ	하	햐	허	혀	호	효	후	휴	흐	히

4. 다음을 읽고 써 보세요.

7

아기		아기	
포도		포도	
고기		고기	
나라		나라	
구두		구두	
다리		다리	
나무		나무	
머리		머리	

사자		사자	
바지		바지	
허리		허리	
모자		모자	
여자		여자	
버스		버스	
기차		기차	
피자		피자	

5. 듣고 단어를 쓰세요.

8

(1) ☐ 리　　(2) 비 ☐

(3) 모 ☐　　(4) ☐ 두

(5) ☐ 리　　(6) 기 ☐

03 모음(2)

1. 듣고 따라 하세요. 9

(1)	애	해
(2)	왜	돼
(3)	에	세
(4)	예	계
(5)	와	화
(6)	위	귀
(7)	워	뭐
(8)	외	뇌

2. 듣고 알맞은 것을 고르세요. 10

(1) ① 왜 ② 위 ③ 애

(2) ① 쥐 ② 죄 ③ 줘

(3) ① 아기 ② 얘기 ③ 애기

(4) ① 가자 ② 과자 ③ 개자

(5) ① 서다 ② 쉬다 ③ 세다

(6) ① 세계 ② 시계 ③ 서게

3. 글자를 완성하세요.

(1) ㄱ + ㅖ = 계

(2) ㄱ + ㅘ = 과

(3) ㅇ + ㅞ = 웨

(4) ㅁ + ㅝ = 뭐

(5) ㅅ + ㅟ = 쉬

(6) ㅇ + ㅒ = 얘

4. 다음을 읽고 써 보세요.

사과		사과	
게		게	
회사		회사	
교회		교회	
웨이터		웨이터	
귀		귀	
의사		의사	

새		새	
가게		가게	
시계		시계	
과자		과자	
가위		가위	
쥐		쥐	
의자		의자	

5. 듣고 단어를 쓰세요.

(1) | | 사 |

(2) | 가 | |

(3) | | 사 |

(4) | | 자 |

(5) | | 지 |

(6) | 가 | |

04 자음(2)

1. 듣고 따라 하세요. 13

(1)	비	피	삐
(2)	가	카	까
(3)	자	차	짜
(4)	고	코	꼬

2. 듣고 알맞은 것을 고르세요. 14

(1) ① 주 ② 쭈 ③ 추

(2) ① 토 ② 또 ③ 도

(3) ① 아가 ② 아카 ③ 아까

(4) ① 도로 ② 또로 ③ 토로

(5) ① 고리 ② 코리 ③ 꼬리

(6) ① 바르다 ② 빠르다 ③ 파르다

3. 글자를 완성하세요.

(1) ㅃ + ㅗ = 뽀　　(2) ㄲ + ㅟ = 뀌

(3) ㄸ + ㅓ = 떠　　(4) ㅉ + ㅕ = 쪄

(5) ㅆ + ㅔ = 쎄　　(6) ㅃ + ㅑ = 뺘

4. 다음을 읽고 써 보세요.

토끼		토끼	
찌개		찌개	
코끼리		코끼리	
아빠		아빠	
꼬리		꼬리	
쓰다		쓰다	
예쁘다		예쁘다	

5. 듣고 단어를 쓰세요.

(1) [ ] 다

(2) [ ] [ ] 리

(3) 아 [ ]

(4) [ ] 리

(5) [ ] 개

(6) 토 [ ]

05 받침

1. 듣고 따라 하세요. 17

(1)	책	밖	부엌	숙
(2)	옷	솥	꽃	있
(3)	앞	옆	삽	밥
(4)	말	술	잘	알
(5)	공	강	방	총
(6)	눈	문	산	손
(7)	밤	몸	섬	곰

2. 듣고 알맞은 것을 고르세요. 18

(1) ① 공 ② 곰 ③ 곡

(2) ① 밥 ② 밤 ③ 밖

(3) ① 낮 ② 난 ③ 날

(4) ① 삭 ② 산 ③ 살

(5) ① 앞 ② 안 ③ 악

(6) ① 곧 ② 공 ③ 곱

3. 글자를 완성하세요.

(1) ㅁ + ㅕ + ㄱ = 멱　　(2) ㅊ + ㅗ + ㅅ = 촛

(3) ㅌ + ㅏ + ㅁ = 탐　　(4) ㅃ + ㅏ + ㅇ = 빵

(5) ㅇ + ㅘ + ㅇ = 왕　　(6) ㅇ + ㅑ + ㄱ = 약

(7) ㅈ + ㅜ + ㄹ = 줄　　(8) ㄷ + ㅜ + ㅂ = 둡

(9) ㅁ + ㅗ + ㅁ = 몸　　(10) ㅊ + ㅏ + ㅈ = 찿

4. 다음을 읽고 써 보세요. 19

책		책	
손		손	
발	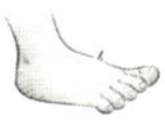	발	
남자		남자	
밥		밥	
눈		눈	

부엌		부엌	
꽃		꽃	
옷		옷	
입		입	
앞		앞	
방		방	

5. 듣고 단어를 쓰세요.

(1) [ ]　　(2) [ ]

(3) [ ]　　(4) [ ]

(5) [ ]　　(6) 부 [ ]

06 문장

1. 듣고 따라 하세요.

(1) 학생이 갑니다.

(2) 아이가 잡니다.

(3) 친구가 공부합니다.

(4) 코끼리가 갑니다.

(5) 아이가 빵을 좋아합니다.

(6) 수지가 커피를 마십니다.

2. 듣고 알맞은 것을 고르세요.

(1) ① 아이가 갑니다.　② 아이가 잡니다.

(2) ① 학생이 빵을 먹습니다.　② 학생이 바나나를 먹습니다.

(3) ① 요코가 친구를 만납니다.　② 요코가 친구를 만납니까?

(4) ① 수지가 한국어를 공부합니다.　② 수지가 한국어를 공부합니까?

(5) ① 개가 갑니다.　② 새가 갑니다.

(6) ① 선생님이 커피를 마십니다.　② 선생님이 주스를 마십니다.

3. 문장을 만드세요. 23

(1)  사토가 / 잡니다

⇨ 사토가 잡니다 .

(2)  요코가 / 밥을 / 먹습니다

⇨ 요코가 밥을 먹습니다 .

(3)  리처드가 / 영화를 / 봅니다

⇨ 리처드가 영화를 봅니다 .

(4)  아이가 / 음악을 / 듣습니다

⇨ 아이가 음악을 듣습니다 .

(5)  요코가 / 바나나를 / 먹습니다

⇨ 요코가 바나나를 먹습니다 .

(6)  학생이 / 주스를 / 마십니다

⇨ 학생이 주스를 마십니다 .

4. 다음을 읽고 써 보세요. 24

(1)

안	녕	하	세	요	?
안	녕	하	세	요	?

(2)

아	이	가		잡	니	까	?
아	이	가		잡	니	까	?

(3)

아	이	가		잡	니	다	.
아	이	가		잡	니	다	.

(4)

학	생	이		한	국	어	를		공	부	합	니	까	?
학	생	이		한	국	어	를		공	부	합	니	까	?

(5)

학	생	이		한	국	어	를		공	부	합	니	다	.
학	생	이		한	국	어	를		공	부	합	니	다	.

(6)

요	코	가		김	치	를		좋	아	합	니	까	?
요	코	가		김	치	를		좋	아	합	니	까	?

(7)

요	코	가		김	치	를		좋	아	합	니	다	.
요	코	가		김	치	를		좋	아	합	니	다	.

메모

제 2 과 소개 *Introductions*

어휘

1. 알맞은 단어를 골라 쓰세요.

책상	의자	공책	사전	연필	전화

(1)

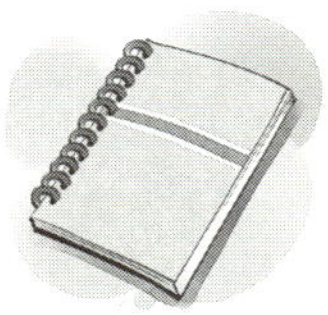

공책

(2)

______

(3)

______

(4)

______

(5)

______

(6)

______

2. 알맞은 것을 쓰세요.

0	1	2	3	4	5	6	7	8	9	10
공, 영					오		칠		구	
	11	12	13	14	15	16	17	18	19	20
	십일		십삼			십육				이십

3. 알맞은 것을 쓰세요.

(1) 한국 – (한국 사람)　　(2) 중국 – (　　　　)

(3) 프랑스 – (　　　　)　　(4) 호주 – (　　　　)

(5) 러시아 – (　　　　)

4. 알맞은 것을 연결하세요.

(1) 

(2) 

(3) 

(4) 

(5) 

① 학생

② 의사

③ 주부

④ 가수

⑤ 회사원

5. 단어를 찾으세요.

전	다	요	리	사	일
화	선	한	캐	나	다
번	일	생	주	수	주
호	잠	금	님	목	부

(1) 요리사

(2) 선생님

(3) 캐나다

(4) 전화번호

(5) 주부

준비합시다

01 입니다, 입니까

1. 그림을 보고 문장을 완성하세요.

(1)  책입니다.

(2)  ______________.

(3)  ______________.

(4)  ______________.

(5)  ______________.

(6)  ______________.

2. 그림을 보고 대화를 완성하세요.

(1) 
A: 책입니까?
B: 네, 책입니다.

(2) 
A: ______________?
B: 네, 시계입니다.

(3) 
A: ______________?
B: 네, 사전입니다.

(4) 
A: ______________?
B: 네, 의자입니다.

(5) 
A: ______________?
B: 네, 선생님입니다.

(6) 
A: ______________?
B: 네, 주부입니다.

02 은/는(주제)

1. 알맞은 것을 쓰세요.

(1) 마이클 은 미국 사람입니다.

(2) 나타샤 ______ 러시아 사람입니다.

(3) 저 ______ 학생입니다.

(4) 수진 ______ 대학생입니다.

(5) 크리스 ______ 호주 사람입니다.

2. 그림을 보고 문장을 완성하세요.

(1) 

요코(일본 사람/학생)

요코는 일본 사람입니다.

요코는 학생입니다.

(2) 

장민수(한국 사람/은행원)

______.

______.

(3) 

소피(프랑스 사람/영화배우)

______.

______.

(4) 

바트(몽골 사람/요리사)

______.

______.

(5) 

마이클(미국 사람/회사원)

______.

______.

03 이/가 아닙니다

1. 알맞은 것을 고르세요.

(1) 요코는 가수 (이 아닙니다, 가 아닙니다).

(2) 나타샤는 미국 사람 (이 아닙니다, 가 아닙니다).

(3) 티엔은 은행원 (이 아닙니다, 가 아닙니다).

(4) 선생님은 주부 (이 아닙니다, 가 아닙니다).

(5) 바트는 의사 (이 아닙니다, 가 아닙니다).

2. 대화를 완성하세요.

(1) A: 박영민은 학생입니까?

B: 아니요, 학생이 아닙니다 ____________. 회사원입니다.

(2) A: 김수진은 주부입니까?

B: 아니요, ____________. 학생입니다.

(3) A: 선생님은 몽골 사람입니까?

B: 아니요, ____________. 한국 사람입니다.

(4) A: 바트는 영화배우입니까?

B: 아니요, ____________. 요리사입니다.

(5) A: 크리스는 회사원입니까?

B: 아니요, ____________. 의사입니다.

04 수①

1. 알맞은 것을 고르세요.

(1) 18 ① 십육 ② 십팔

(2) 19 ① 십칠 ② 십구

(3) ○○○-○○○-2974 ① 이구칠사 ② 이칠구사

(4) ○○○-○○○-3490 ① 사삼구공 ② 삼사구공

(5) ○○○-○○○-2047 ① 이공사칠 ② 일공사칠

2. 대화를 완성하세요.

(1) A: 요코 씨 전화번호는 무엇입니까? (요코/010-4353-9977)

B: 공일공에 사삼오삼에 구구칠칠입니다.

(2) A: 박영민 씨 전화번호는 무엇입니까? (박영민/031-228-1705)

B: ________________.

(3) A: 선생님 전화번호는 무엇입니까? (선생님/010-309-9154)

B: ________________.

(4) A: ________________? (왕카이/070-276-3581)

B: 공칠공에 이칠육에 삼오팔일입니다.

(5) A: ________________? (수잔/02-2287-0341)

B: 공이에 이이팔칠에 공삼사일입니다.

말해 봅시다

1. 알맞은 것을 고르세요.

(1)
A: 안녕하세요?
B: ______________________?

① 안녕하세요　　② 안녕히 계세요

(2)
A: ______________________?
B: 의사입니다.

① 직업이 무엇입니까　　② 어디에서 왔습니까

(3)
A: ______________________?
B: 저는 한국 사람입니다.

① 어느 나라 사람입니까　　② 전화번호가 무엇입니까

2. 자신을 소개하는 대화입니다. 대화를 완성하세요.

나타샤 ______________________? 저는 나타샤입니다.

티엔 저는 티엔입니다.

나타샤 티엔 씨는 호주 사람입니까?

티엔 아니요, ______________________. 베트남 사람입니다.

나타샤 티엔 씨, ______________________?

티엔 저는 대학생입니다.

나타샤 아, 그래요? 저는 주부입니다. 만나서 반갑습니다.

티엔 ______________________.

들어 봅시다

1. 받아쓰기를 하세요. (25)

(1) ____________________

(2) ____________________

(3) ____________________

(4) ____________________

(5) ____________________

2. 듣고 전화번호를 쓰세요. (26)

(1)	010	–	________	–	2379
(2)	011	–	________	–	9120
(3)	02	–	298	–	________
(4)	________	–	________	–	6815
(5)	________	–	________	–	4312

3. 선생님 사무실을 묻는 대화입니다. 대화를 듣고 답하세요. (27)

(1) 요코 씨 교실은 어디입니까?

① 2층　　② 3층　　③ 4층

(2) 박 선생님 사무실은 어디입니까?

① 2층 203호　　② 2층 204호　　③ 1층 104호

읽고 써 봅시다

1. 글을 읽고 답하세요.

나타샤는 러시아 사람입니다.
러시아 모스크바에서 왔습니다.
나타샤는 주부입니다.

(1) 나타샤 씨는 무슨 일을 합니까?

① 주부 ② 학생 ③ 회사원

(2) 나타샤 씨는 어느 나라 사람입니까?

① 한국 사람 ② 몽골 사람 ③ 러시아 사람

2. 자신을 소개하는 글입니다. 읽고 알맞은 것에 ✓표 하세요.

안녕하세요?
저는 디나입니다.
저는 필리핀 사람입니다.
학생입니다.
만나서 반갑습니다.

(1) 디나 씨는 필리핀에서 왔습니다. 네 ______ 아니요 ______

(2) 디나 씨는 회사원입니다. 네 ______ 아니요 ______

3. 명함을 보고 자신을 소개하는 글을 완성하세요.

Susan Kim

한국무역

서울시 종로구 경희궁 1길 한국무역회사
tel 02-3757-1145
fax 02-3774-2009
mobile 010-679-4431
e-mail susank@koreatrade.org

안녕하십니까?

저는 ______________________________

____

____

____

만나서 반갑습니다.

제 3 과 학교생활 *School Life*

어휘

1. 알맞은 것을 쓰세요.

3월						
SUN	MON	TUE	WED	THU	FRI	SAT
일요일			수요일		금요일	

2. 알맞은 단어를 골라 쓰세요.

가다	쉬다	읽다	보다	듣다	마시다

(1) 

가다

(2) 

____

(3) 

____

(4) 

____

(5) 

____

(6) 

____

3. 알맞은 것을 연결하세요.

(1)  •　　• ① 화장실

(2)  •　　• ② 교실

(3) 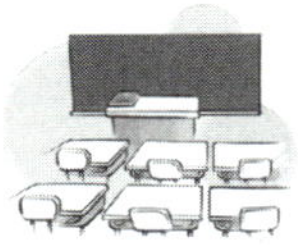 •　　• ③ 식당

(4)  •　　• ④ 방

(5)  •　　• ⑤ 도서관

4. 그림을 보고 단어를 쓰세요.

(1) 요코 씨가  을 읽습니다. 신 문

(2) 티엔 씨가  을 입습니다.

(3) 마이클 씨가  를 봅니다.

(4) 진차오 씨가  를 마십니다.

(5) 리처드 씨가  를 배웁니다.

준비합시다

01 -습니다, -습니까

1. 표를 완성하세요.

기본형	-습니다	-습니까
오다	옵니다	
배우다		
먹다		먹습니까
맛있다		
공부하다		

2. 대화를 완성하세요.

(1) A: 쉽니까?
B: 네, 쉽니다 ________.

(2) A: 공부합니까?
B: 네, ________.

(3) A: 이야기합니까?
B: 네, ________.

(4) A: 잡니까?
B: 네, ________.

(5) A: 먹습니까?
B: 네, ________.

(6) A: 재미있습니까?
B: 네, ________.

02 이/가

1. 알맞은 것을 고르세요.

(1) 학생 (이, 가) 옵니다.

(2) 의자 (이, 가) 작습니다.

(3) 가방 (이, 가) 비쌉니다.

(4) 요코 씨 (이, 가) 운동합니다.

2. 문장을 완성하세요.

(1) 학생, 공부하다 ⇨ 학생이 공부합니다.

(2) 아이, 자다 ⇨ ______________.

(3) 선생님, 전화하다 ⇨ ______________.

(4) 빵, 맛있다 ⇨ ______________.

(5) 한국어, 재미있다 ⇨ ______________.

03 을/를

1. 알맞은 것을 고르세요.

(1) 티엔 씨가 책 (을, 를) 삽니다.

(2) 마이클 씨가 영화 (을, 를) 봅니다.

(3) 미셸 씨가 친구 (을, 를) 만납니다.

(4) 요코 씨가 선생님 (을, 를) 기다립니다.

(5) 왕카이 씨가 한국어 (을, 를) 공부합니다.

2. 문장을 완성하세요.

(1) 민수 씨, 배우다, 컴퓨터 ⇨ 민수 씨가 컴퓨터를 배웁니다.

(2) 음악, 학생, 듣다 ⇨ ______________.

(3) 먹다, 밥, 요코 씨 ⇨ ______________.

(4) 선생님, 영화, 보다 ⇨ ______________.

(5) 커피, 마이클 씨, 마시다 ⇨ ______________.

04 날짜

1. 그림을 보고 문장을 완성하세요.

(1) 오늘은 일월 삼일입니다.

(2) 오늘은 ____________.

(3) 오늘은 ____________.

(4) 오늘은 ____________.

2. 대화를 완성하세요.

12월						
SUN	MON	TUE	WED	THU	FRI	SAT
12	13 시험	14	15 문화 수업	16	17 졸업식	18
19 율리아 씨 결혼식	20	21	22	23 티엔 씨 생일	24	25 크리스마스

(1) A: 시험이 언제입니까?

B: 십이월 십삼일입니다.

A: 무슨 요일입니까?

B: 월요일입니다.

(2) A: 문화 수업이 언제입니까?

B: ____________.

A: 무슨 요일입니까?

B: ____________.

(3) A: 율리아 씨 결혼식이 언제입니까?

B: ______________________________.

A: 무슨 요일입니까?

B: ______________________________.

(4) A: ______________________________?

B: 12월 23일입니다

A: ______________________________?

B: 목요일입니다.

(5) A: ______________________________?

B: 12월 25일입니다.

A: ______________________________?

B: 토요일입니다.

(6) A: ______________________________?

B: 12월 17일입니다.

A: ______________________________?

B: 금요일입니다.

05 에(방향)

1. 대화를 완성하세요.

(1) 

A: 어디에 갑니까?

B: 학교에 갑니다.

(2) 

A: 어디에 갑니까?

B: ______________________________.

(3) 

A: 어디에 갑니까?

B: ______________________________.

(4) 

A: 어디에 갑니까?

B: ______________________________.

(5) 

A: 어디에 갑니까?

B: ______________________________.

말해 봅시다

1. 알맞은 것을 고르세요.

(1)
A: 문화 수업이 며칠입니까?
B: ____________________.

① 5월 20일입니다　　② 월요일입니다

(2)
A: 이치로 씨 생일이 무슨 요일입니까?
B: ____________________.

① 9월 5일입니다　　② 목요일입니다

(3)
A: ____________________?
B: 재미있습니다.

① 요즘 무엇을 합니까　　② 한국 생활이 어떻습니까

2. 학교생활에 대한 대화입니다. 대화를 완성하세요.

요코 미셸 씨, 한국 생활이 어떻습니까?

미셸 ____.

요코 요즘 무엇을 합니까?

미셸 ____.

요코 한국 요리가 재미있습니까?

미셸 ____________________. 그렇지만 어렵습니다.

요코 요리 수업이 ____________________?

미셸 수요일입니다.

들어 봅시다

1. 받아쓰기를 하세요. 28

(1) ______

(2) ______

(3) ______

(4) ______

(5) ______

2. 듣고 알맞은 것을 고르세요. 29

(1) 시험이 (① 3월 25일, ② 4월 25일) 입니다.

(2) 요코 씨 생일이 (① 6월 10일, ② 6월 11일) 입니다.

3. 김정우 씨와 나타샤 씨의 대화입니다. 대화를 듣고 답하세요. 30

(1) 김정우 씨는 어디에 갑니까?

① 서점 ② 백화점

(2) 나타샤 씨 친구 생일이 무슨 요일입니까?

① 일요일 ② 월요일

메모

읽고 써 봅시다

1. 글을 읽고 알맞은 것에 ✓표 하세요.

> 이치로 씨는 서점에 갑니다. 한국어 사전을 삽니다. 한국어 사전이 비쌉니다. 미셸 씨는 영화관에 갑니다. 영화를 봅니다. 그리고 친구를 만납니다.

(1) 한국어 사전이 쌉니다. 네 ______ 아니요 ______

(2) 미셸 씨는 영화관에 갑니다. 네 ______ 아니요 ______

2. 노래 동아리 모임을 안내하는 글입니다. 글을 읽고 알맞은 것에 ✓표 하세요.

> **노래 동아리 모임**
>
> 노래 동아리 모임이 있습니다.
> 한국 노래를 배웁니다.
>
> · 날짜: 9월 20일 (화요일)
> · 시간: 한국어 수업 후
> · 장소: 교실

(1) 노래 동아리는 한국 노래를 배웁니다. 네 ______ 아니요 ______

(2) 모임은 수요일입니다. 네 ______ 아니요 ______

3. 컴퓨터 대화입니다. 알맞은 것을 골라 대화를 완성하세요.

① 운동을 합니다. 수영을 배웁니다.

② 재미있습니다. 그렇지만 조금 어렵습니다.

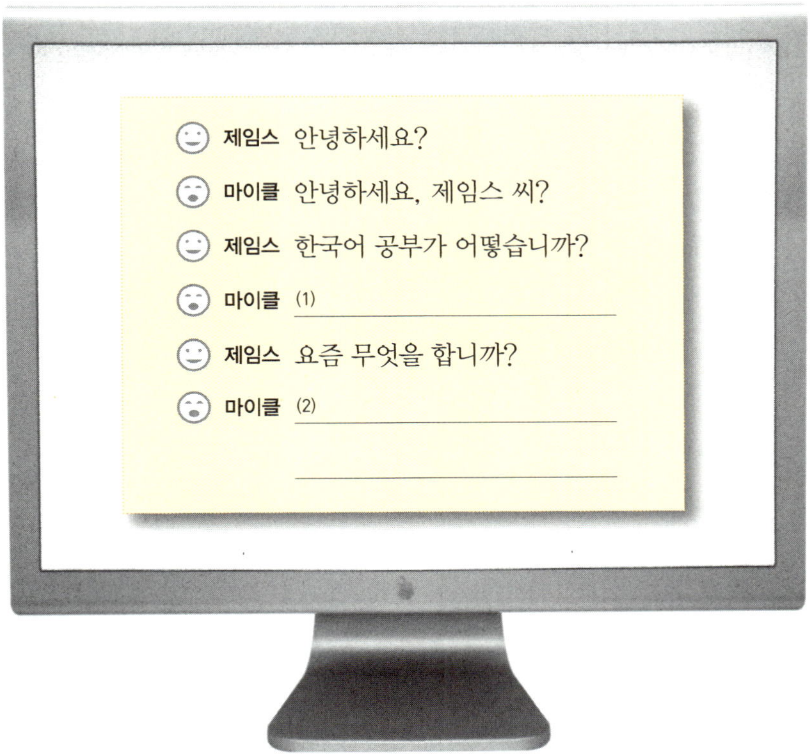

메모

제 4 과 집 *Home*

어휘

1. 알맞은 단어를 골라 쓰세요.

안	위	밑	옆	앞	뒤

(1) 

안

(2) 

(3) 

(4) 

(5) 

(6) 

2. 그림을 보고 쓰세요.

(1) 

전자사전

(2) 

(3) 

(4) 

(5) 

(6) 

3. 단어 퍼즐을 완성하세요.

[가로(across) →]

(1) 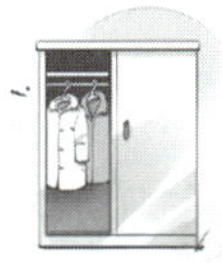

(2) 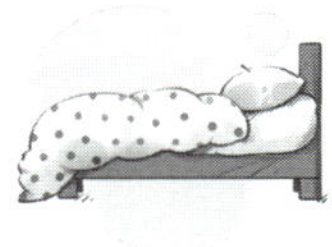

(3) 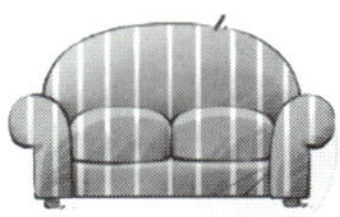

[세로(down) ↓]

① 

② 

③ 

	②			③
(1) ①옷	장			
			(2)	
		(3)		

4. 그림을 보고 알맞은 단어를 쓰세요.

(1) 침실

(2)

(3)

(4)

(5)

준비합시다

01 이, 그, 저

1. 그림을 보고 대화를 완성하세요.

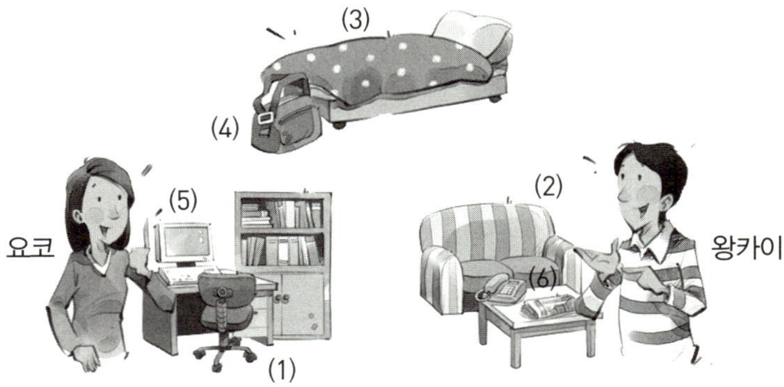

(1) A: 왕카이 씨, 이것이 무엇입니까?

B: 그것이 의자입니다.

(2) A: 왕카이 씨, 그것이 소파입니까?

B: 네, ____________ 소파입니다.

(3) A: 왕카이 씨, 저것이 침대입니까?

B: 네, ____________ 침대입니다.

(4) A: 왕카이 씨, ____________ 가방입니까?

B: 네, 저것이 가방입니다.

(5) A: 왕카이 씨, 이것이 컴퓨터입니까?

B: 네, ____________ 컴퓨터입니다.

(6) A: 왕카이 씨, ____________ 전화입니까?

B: 네, 이것이 전화입니다.

02 에(위치)

1. 그림을 보고 문장을 완성하세요.

(1) 우산이 소파 뒤에 있습니다.

(2) 가방이 ____________________.

(3) 시계가 ____________________.

(4) 공책이 ____________________.

2. 그림을 보고 대화를 완성하세요.

(1) A: 약국이 우체국 옆에 있습니까?

B: 아니요. 병원 옆에 있습니다.

(2) A: 편의점이 학교 바로 옆에 있습니까?

B: 아니요. ______________.

(3) A: 빵집이 은행 옆에 있습니까?

B: 아니요. ______________.

(4) A: 은행이 학교 맞은편에 있습니까?

B: 아니요. ______________.

(5) A: 영화관이 우체국과 식당 사이에 있습니까?

B: 아니요. ______________.

(6) A: 백화점이 은행 앞에 있습니까?

B: 아니요. ______________.

03 하고, 과/와

1. '과/와'를 사용해서 문장을 완성하세요.

(1) 책과 필통이 있습니다. (책, 필통)

(2) ______________ 있습니다. (침대, 옷장)

(3) 책상 위에 ______________ 있습니다. (열쇠, 연필)

(4) 교실에 ______________ 있습니다. (선생님, 학생)

(5) 1층에 ______________ 있습니다. (사무실, 컴퓨터실)

2. 그림을 보고 '하고'를 사용해서 대화를 완성하세요.

(1) 

A: 책상 위에 무엇이 있습니까?

B: 전화하고 시계가 있습니다 ______________________.

(2) 

A: 탁자 위에 무엇이 있습니까?

B: ______________________.

(3) 

A: 가방 안에 무엇이 있습니까?

B: ______________________.

(4) 

A: 2층에 무엇이 있습니까?

B: ______________________.

(5) 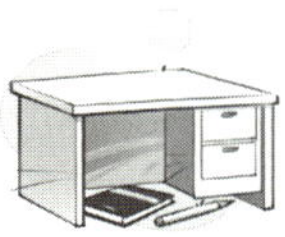

A: 책상 밑에 무엇이 있습니까?

B: ______________________.

04 -(으)세요

1. 표를 완성하세요.

기본형	-(으)세요	-지 마세요	기본형	-(으)세요	-지 마세요
오다	오세요		앉다		
쓰다			말하다		
입다			전화하다	전화하세요	
읽다		읽지 마세요	숙제하다		

2. '-(으)세요'를 사용해서 문장을 바꾸세요.

(1) 이름을 씁니다. ⇨ 이름을 쓰세요 _______________.

(2) 책을 읽습니다. ⇨ _______________.

(3) 친구를 만납니다. ⇨ _______________.

(4) 컴퓨터를 배웁니다. ⇨ _______________.

(5) 한국어를 공부합니다. ⇨ _______________.

05 (으)로(방향)

1. 대화를 완성하세요.

(1) 

A: 우체국이 어디에 있습니까? (왼쪽)

B: 왼쪽으로 가세요 _______________. 은행 옆에 있습니다.

(2) 

A: 화장실이 어디에 있습니까? (2층)

B: _______________. 2층 사무실 옆에 있습니다.

(3) 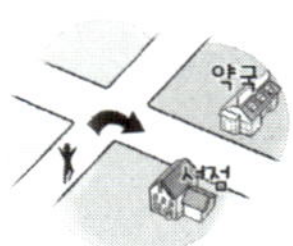

A: 서점이 어디에 있습니까? (오른쪽)

B: _______________. 약국 맞은편에 있습니다.

(4) 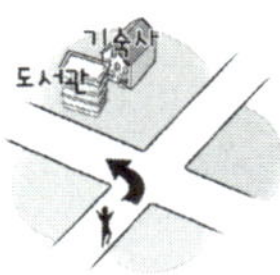

A: 기숙사가 어디에 있습니까? (왼쪽)

B: _______________. 도서관 뒤에 있습니다.

(5) 

A: 컴퓨터실이 어디에 있습니까? (3층)

B: _______________. 휴게실 옆에 있습니다.

말해 봅시다

1. 알맞은 것을 고르세요.

(1)

A: 요코 씨, ______________________?

B: 지하 1층에 있습니다.

① 세탁실에 무엇이 있습니까 ② 세탁실이 어디에 있습니까

(2)

A: 실례합니다. ______________________?

B: 오른쪽으로 가세요. 우체국 맞은편에 있어요.

① 백화점에 갑니까 ② 백화점에 어떻게 갑니까

(3)

A: 저, ______________________?

B: 네, 지하철역 근처에 있습니다.

A: 정말 고맙습니다.

① 이 근처에 서점이 있습니까 ② 지하철역 근처에 있습니까

2. 우체국의 위치를 묻는 대화입니다. 대화를 완성하세요.

마이클 저, 실례합니다. ______________?

김수진 네. 백화점 근처에 있습니다.

마이클 우체국에 어떻게 갑니까?

김수진 ______________________.

은행 옆에 있습니다.

마이클 ______________________?

김수진 네, 가깝습니다.

마이클 정말 고맙습니다.

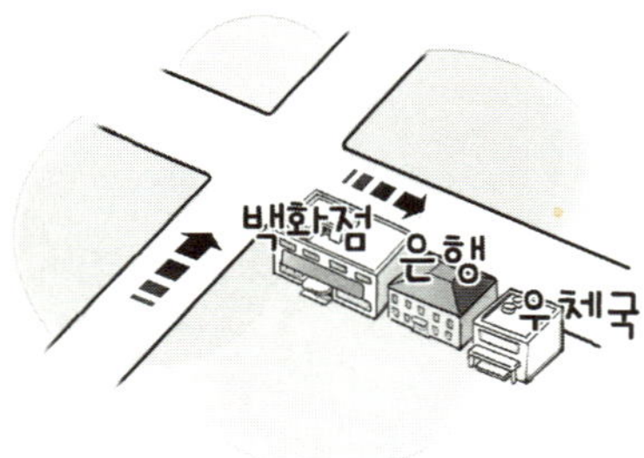

들어 봅시다

1. 받아쓰기를 하세요.

(1) ______________________

(2) ______________________

(3) ______________________

(4) ______________________

(5) ______________________

2. 대화를 듣고 그림에 물건의 번호를 쓰세요.

(1) 가방　(2) 전자사전　(3) 우산　(4) 열쇠　(5) 지갑

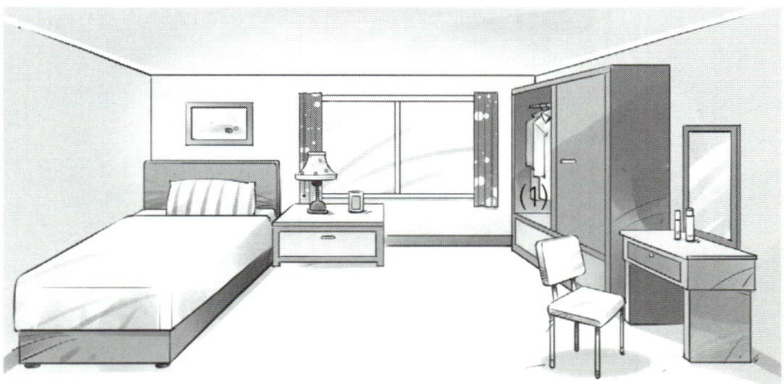

3. 사무실 열쇠에 대한 대화입니다. 대화를 듣고 알맞은 것에 √표 하세요.

(1) 이소라 씨는 열쇠가 없습니다. 네 ______ 아니요 ______

(2) 마이클 씨가 회사 사무실에 있습니다. 네 ______ 아니요 ______

(3) 사무실 열쇠가 마이클 씨 가방에 있습니다. 네 ______ 아니요 ______

읽고 써 봅시다

1. 글을 읽고 알맞은 것에 ✓표 하세요.

마이클 씨 회사는 5층입니다. 지하 1층에 식당이 있습니다. 식당 맞은편에 매점이 있습니다. 1층에 편의점과 은행이 있습니다. 그리고 2층에 스포츠 센터와 커피숍이 있습니다. 3층과 4층과 5층에 사무실이 있습니다. 마이클 씨 사무실은 4층에 있습니다. 휴게실 바로 옆에 있습니다.

(1) 마이클 씨 사무실이 휴게실 옆에 있습니다. 네 ______ 아니요 ______

(2) 회사 지하 1층에 식당과 매점이 있습니다. 네 ______ 아니요 ______

(3) 회사 1층에 스포츠 센터와 커피숍이 있습니다. 네 ______ 아니요 ______

2. 기숙사를 소개하는 글입니다. 글을 읽고 위치를 쓰세요.

<table>
<tr><td>6F</td><td colspan="3">방</td></tr>
<tr><td>5F</td><td colspan="3">방</td></tr>
<tr><td>4F</td><td colspan="3"></td></tr>
<tr><td>3F</td><td colspan="3"></td></tr>
<tr><td>2F</td><td>세탁실</td><td></td><td></td></tr>
<tr><td>1F</td><td colspan="2">사무실</td><td></td></tr>
</table>

우리 기숙사는 4층입니다. 1층에 사무실과 로비가 있습니다. 로비에 소파와 탁자가 있습니다. 2층에 세탁실과 식당이 있습니다. 그리고 식당 옆에 컴퓨터실이 있습니다. 3층에 도서관이 있습니다. 도서관에 책장과 책상이 있습니다. 그렇지만 도서관이 아주 작습니다. 4층에는 휴게실이 있습니다. 그리고 5층과 6층에 방이 많이 있습니다.

3. 그림과 단어를 보고 방 소개의 글을 완성하세요.

침대	탁자	책장	책상	휴지통
컴퓨터	책	곰인형	사진	꽃병

내 방

이 방이 제 방입니다. 제 방에 ______________________

____

____

____

____

제 방은 정말 좋습니다.

제 5 과 하루 일과 *Daily Schedule*

어휘

1. 알맞은 단어를 골라 쓰세요.

일어나다	세수하다	아침을 먹다	출근하다	회의하다	잠을 자다

(1)

일어나다

(2)

____

(3)

____

(4)

____

(5)

____

(6)

____

2. 그림을 보고 쓰세요.

(1)

공 아홉 개

(2)

사과 ________

(3)  사탕 ______________

(4) 

전자사전 ______________

(5)  시계 ______________

3. 시간을 쓰세요.

(1) 

네 시 이십오 분

(2) 

____

(3) 

____

(4) 

____

(5) 

____

(6) 

____

4. 알맞은 것을 고르세요.

(1) 6:00 PM (오후 6시, 오전 6시)에 저녁을 먹습니다.

(2) 2:00 PM (새벽 2시, 낮 2시)에 운동합니다.

(3) 7:00 PM (아침 7시, 저녁 7시)에 샤워합니다.

(4) 11:00 PM (오전 11시, 밤 11시)에 텔레비전을 봅니다.

(5) 3:00 AM (새벽 3시, 낮 3시)까지 음악을 듣습니다.

준비합시다

01 수②

1. 그림을 보고 대화를 완성하세요.

(1) 
A: 가방이 몇 개 있습니까?
B: 세 개 있습니다.

(2) 
A: 의자가 몇 개 있습니까?
B: ________ 있습니다.

(3) 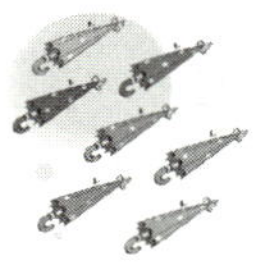
A: 우산이 몇 개 있습니까?
B: ________ 있습니다.

(4) 
A: 안경이 일곱 개 있습니까?
B: 아니요. ________ 있습니다.

(5) 
A: 시계가 다섯 개 있습니까?
B: 아니요. ________ 있습니다.

02 시간

1. 시간표를 보고 대화를 완성하세요.

9:00	요리 교실
11:30	노래 교실
13:00	테니스 교실
14:00	사진 교실
16:00	요가 교실

(1) A: 요리 교실이 몇 시입니까?
B: 오전 아홉 시입니다.

(2) A: 노래 교실이 몇 시입니까?
B: ________________.

(3) A: 사진 교실이 몇 시입니까?
B: ________________.

(4) A: 요가 교실이 몇 시입니까?
B: ________________.

03 에(시간)

1. 대화를 완성하세요.

(1) A: 몇 시에 일어납니까? (7:30)

B: 일곱 시 삼십 분에 일어납니다.

(2) A: 몇 시에 회의합니까? (5:30)

B: ______________________.

(3) A: 몇 시에 수업이 끝납니까? (1:00)

B: ______________________.

(4) A: 몇 시에 수영을 배웁니까? (9:45)

B: ______________________.

(5) A: 몇 시에 학교에 갑니까? (8:25)

B: ______________________.

2. 달력을 보고 대화를 완성하세요.

12월						
SUN	MON	TUE	WED	THU	FRI	SAT
6	7 중국어를 가르치다	8	9 수영을 배우다	10	11 운동하다	12 데이트하다
13 영화를 보다	14 중국어를 가르치다	15	16 수영을 배우다	17	18	19

(1) A: 언제 운동합니까?

B: 12월 11일에 운동합니다.

(2) A: 언제 데이트합니까?

B: ______________________.

(3) A: 언제 영화를 봅니까?

B: ______________________.

(4) A: 무슨 요일에 수영을 배웁니까?

B: ______________________.

(5) A: 무슨 요일에 중국어를 가르칩니까?

B: ______________________.

04 부터 ~까지

1. 대화를 완성하세요.

(1) A: 한국어 수업이 언제입니까? (9시 10분~1시)

B: 9시 10분부터 1시까지입니다.

(2) A: 휴가가 언제입니까? (7월 25일~31일)

B: ______________________________.

(3) A: 회의가 언제입니까? (4시 40분~6시)

B: ______________________________.

(4) A: 한국어 시험이 언제입니까? (목요일~금요일)

B: ______________________________.

2. 그림을 보고 '부터~까지'를 사용해서 문장을 완성하세요.

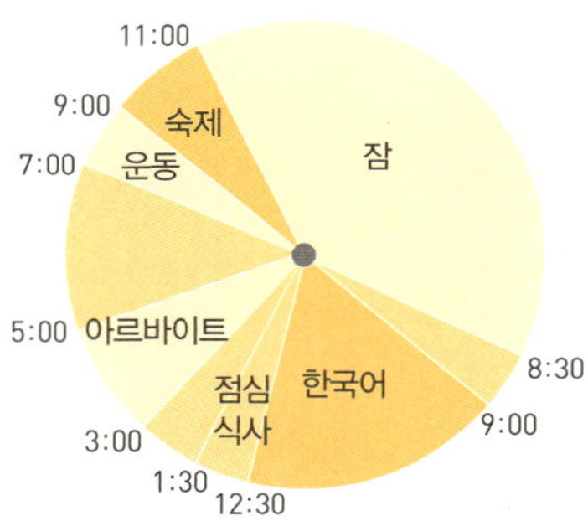

(1) 마이클 씨는 오전 9시부터 오후 12시 30분까지 한국어를 배웁니다.

(2) 마이클 씨는 ______________________________ 점심을 먹습니다.

(3) 마이클 씨는 ______________________________ 아르바이트를 합니다.

(4) 마이클 씨는 ______________________________ 운동을 합니다.

(5) 마이클 씨는 ______________________________ 한국어 숙제를 합니다.

05 -아/어요

1. 표를 완성하세요.

기본형	-아/어요	기본형	-아/어요
가다		숙제하다	
보다		듣다	
먹다	먹어요	만들다	만들어요
주다		살다	
마시다		(의사)이다	
가르치다		(학생)이다	

2. 글을 완성하세요.

리처드 씨는 미국 사람입니다. 지금 한국에서 삽니다. 무역 회사에 다닙니다. 보통 아침 7시 반에 일어납니다. 8시에 신문을 읽습니다. 8시 30분에 회사에 갑니다. 9시부터 6시까지 일합니다. 저녁에 한국어를 배웁니다. 월요일부터 목요일까지 공부합니다. 수업은 저녁 7시부터 9시까지입니다. 리처드 씨는 수업 후에 친구와 저녁을 먹습니다. 식사 후에 집에서 쉽니다.

⇩

리처드 씨는 미국 사람 이에요. 지금 한국에서 ________. 무역 회사에 ________. 보통 아침 7시 반에 ________. 8시에 신문을 ________. 8시 30분에 회사에 ________. 9시부터 6시까지 ________. 저녁에 한국어를 ________. 월요일부터 목요일까지 ________. 수업은 저녁 7시부터 9시까지 ________. 리처드 씨는 수업 후에 친구와 저녁을 ________. 식사 후에 집에서 ________.

말해 봅시다

1. 알맞은 것을 고르세요.

(1)

A: ____________________?

B: 1시부터 2시까지예요.

① 점심시간은 언제예요 ② 어디에서 점심을 먹어요

(2)

A: 마이클 씨, ____________________?

B: 저녁 7시에 학교에 가요.

① 학교에 가요 ② 언제 학교에 가요

(3)

A: 말씀 좀 묻겠습니다. 다음 학기 수업이 ____________________?

B: 다음 달 16일에 시작합니다.

① 무슨 요일입니까 ② 언제 시작합니까

2. 문화센터 시간을 묻는 대화입니다. 대화를 완성하세요.

직원 이화 문화센터입니다.

마이클 말씀 좀 묻겠습니다. 다음 달 프로그램이 언제 시작합니까?

직원 ____________________.

마이클 그렇습니까? ____________________?

직원 노래 교실은 화요일과 목요일 오전 10시에 합니다.

마이클 사진 교실은 언제입니까?

직원 ____________________.

마이클 네, 알겠습니다. 고맙습니다.

이화 문화센터

8월 2일 시작

노래 교실

화, 목 10 AM

사진 교실

토 4 PM

들어 봅시다

1. 받아쓰기를 하세요.

(1) ______________________________

(2) ______________________________

(3) ______________________________

(4) ______________________________

(5) ______________________________

2. 듣고 시간을 쓰세요.

(1) ______ 시 ______ 분

(2) ______ 시 ______ 분

(3) ______ 시 ______ 분

(4) ______ 시 ______ 분

(5) ______ 시 ______ 분부터 ______ 시 ______ 분까지

3. 병원 시간을 묻는 대화입니다. 대화를 듣고 답하세요.

(1) 병원 점심시간은 언제입니까?

① 12시~1시 ② 12시~1시 30분 ③ 12시 30분~1시 30분

(2) 알맞은 것에 ✓표 하세요.

① 병원은 평일에 6시에 끝납니다. 네 ______ 아니요 ______

② 병원은 9시 30분에 시작합니다. 네 ______ 아니요 ______

③ 토요일에는 6시에 문을 닫습니다. 네 ______ 아니요 ______

읽고 써 봅시다

1. 글을 읽고 답하세요.

소라 씨는 아침 7시에 일어납니다. 그리고 7시 10분에 샤워합니다. 샤워 후에 신문을 읽습니다. 7시 반에 아침을 먹습니다. 아침 식사 후에 회사에 출근합니다. 9시부터 오후 6시까지 일합니다. 6시에 퇴근합니다.

(1) 소라 씨는 무슨 일을 합니까?

① 주부 ② 학생 ③ 회사원

(2) 소라 씨는 몇 시에 아침 식사를 합니까?

① 7시 ② 7시 30분 ③ 9시

2. 하루 일과에 대한 글입니다. 글을 읽고 답하세요.

왕카이 씨는 아침 7시에 일어납니다. 그리고 7시 40분까지 운동을 합니다. 운동 후에 샤워합니다. 그리고 8시에 아침을 먹습니다. 식사 후에 학교에 갑니다. 9시부터 12시까지 한국어를 배웁니다. 수업 후에 점심을 먹습니다. 그리고 1시에 도서관에 갑니다. 3시까지 한국어 숙제를 합니다. 4시부터 6시까지 아르바이트를 합니다. 그리고 6시 30분에 집에 옵니다. 7시에 저녁을 먹습니다. 저녁 식사 후에 쉽니다.

(1) 왕카이 씨는 몇 시에 아침 식사를 합니까?

① 7시 ② 7시 40분 ③ 8시

(2) 몇 시에 한국어 수업이 끝납니까?

① 9시 ② 12시 ③ 1시

(3) 왕카이 씨는 한국어 숙제 후에 무엇을 합니까?

① 쉽니다 ② 저녁을 먹습니다 ③ 아르바이트를 합니다

3. 그림을 보고 하루 일과에 대한 글을 완성하세요.

6:00 AM → 6:10 AM → 6:45 AM → 7:00 AM → 9:00~12:00 AM

12:00~1:00 PM → 2:00~4:00 PM → 4:00 PM → 7:00~9:00 PM → 10:00 PM

에릭 씨의 하루 일과

에릭 씨는 아침 6시에 일어납니다. ______________________________

____

에릭 씨는 영어 선생님입니다. ______________________________

____

1시에 퇴근합니다. ______________________________

____

____

7시부터 9시까지 한국말을 배웁니다. 보통 10시에 집에 갑니다.

제 6 과 주말 *Weekend*

어휘

1. 알맞은 단어를 골라 쓰세요.

등산하다	외식하다	여행하다
산책하다	쇼핑하다	집안일을 하다

(1) 

등산하다

(2) 

______

(3) 

______

(4) 

______

(5) 

______

(6) 

______

2. 알맞은 것을 쓰세요.

(1) 지난주 – 이번 주 – (다음 주)

(2) ( ) – 오늘 – 내일

(3) 지난달 – ( ) – 다음 달

(4) 지난 주말 – 이번 주말 – (　　　　　)

(5) (　　　　　) – 올해 – 내년

3. 알맞은 것을 연결하세요.

(1) 공원에서 •		• ① 책을 빌려요.
(2) 은행에서 •		• ② 편지를 보내요.
(3) 놀이공원에서 •		• ③ 놀이 기구를 타요.
(4) 우체국에서 •		• ④ 돈을 찾아요.
(5) 도서관에서 •		• ⑤ 운동해요.

4. 관계 없는 것을 고르세요.

(1) **여행지**	제주도	부산	설악산	휴가
(2) **음식**	냉면	기념품	불고기	순두부찌개
(3) **집안일**	청소	세탁	요리	회의
(4) **주말 활동**	산책	수업	등산	여행

5. 단어를 찾으세요.

외	다	평	일	날	일
식	요	한	목	낮	노
말	일	진	주	수	래
낮	잠	금	말	목	방

(1) 월요일부터 금요일까지 ○○ 입니다.

(2) 집에서 식사 안 합니다. 밖에서 ○○ 합니다.

(3) 토요일과 일요일은 ○○ 입니다.

(4) 영화관에서 영화를 봅니다. ○○○ 에서 노래를 합니다.

(5) 낮에 ○○ 을 잡니다.

준비합시다

01 에서(장소)

1. 알맞은 것을 고르세요.

(1) 내일 학교 (에, 에서) 가요.

(2) 교실 (에, 에서) 학생이 없어요.

(3) 오후에 도서관 (에, 에서) 친구를 만나요.

(4) 정원 (에, 에서) 나무와 꽃이 많아요.

(5) 수업 후에 식당 (에, 에서) 점심을 먹어요.

02 안

1. 표를 완성하세요.

기본형	안	기본형	안
가다	안 가요	전화하다	전화 안 해요
마시다		일하다	
먹다		수영하다	
읽다		운동하다	
만들다		외출하다	

2. 대화를 완성하세요.

(1) A: 토요일에 일해요?

B: 아니요, 보통 일 안 해요.

(2) A: 식사 후에 커피를 마셔요?

B: 아니요, ________________.

(3) A: 기숙사에서 살아요?

B: 아니요, ______________________.

(4) A: 보통 집에서 요리해요?

B: 아니요, ______________________.

(5) A: 한국 신문을 읽어요?

B: 아니요, ______________________.

03 으 탈락

1. 표를 완성하세요.

기본형	-아/어요	-았/었어요
예쁘다	예뻐요	
아프다		아팠어요
크다		
바쁘다	바빠요	
끄다		껐어요
쓰다		

2. 알맞은 것을 골라 대화를 완성하세요.

쓰다　　예쁘다　　끄다　　아프다　　바쁘다

(1) A: 요코 씨, 지금 뭐 해요?

B: 편지를 써요.

(2) A: 마이클 씨, 요즘 일이 많아요?

B: 네, 일이 많아요. 아주 ____________________.

(3) A: 제 여자 친구 사진이에요.

B: 여자 친구가 정말 ____________________.

(4) A: 수업 시간에 휴대전화를 ____________________?

B: 네, 끄세요.

(5) A: 리처드 씨, 어디에 가요?

B: 머리가 많이 ____________________. 그래서 병원에 가요.

04 –았/었–

1. 표를 완성하세요.

기본형	–았/었어요	–았/었습니다
보다		
기다리다	기다렸어요	
먹다		먹었습니다
읽다		
살다	살았어요	
공부하다	공부했어요	
전화하다		
듣다		들었습니다

2. 알맞은 것을 골라서 완성하세요.

만나다	마시다	먹다	보다	가다	돌아오다	재미있다	하다

요코 씨는 어제 친구를 만났어요. 친구하고 같이 영화관에 ____________. 영화관에서 한국 영화를 ____________. 영화가 ____________. 요코 씨와 친구는 저녁 식사를 ____________. 요코 씨는 피자를 먹었어요. 그리고 친구는 스파게티를 ____________. 식사 후에 커피숍에서 차를 ____________. 9시에 집에 ____________.

05 도

1. 대화를 완성하세요.

(1) A: 책상 위에 컴퓨터가 있습니까?

B: 네. 그리고 시계도 있습니다. (컴퓨터, 시계)

(2) A: 한국 영화를 봅니까?

B: 네. 그리고 ____________. (한국 영화, 한국 드라마)

(3) A: 어제 볼펜을 샀습니까?

B: 네. 그리고 ____________. (볼펜, 수첩)

(4) A: 리처드 씨는 운동을 잘합니까?

B: 네. 그리고 ____________. (운동, 노래)

말해 봅시다

1. 알맞은 것을 고르세요.

(1)

A: 오랜만이에요. ______________________________?

B: 네, 잘 보냈어요.

① 어디에 다녀왔어요　　② 휴가는 잘 보냈어요

(2)

A: ______________________________?

B: 3박 4일 동안 여행했어요.

① 얼마 동안 여행했어요　　② 언제 여행했어요

(3)

A: 나타샤 씨는 주말에 보통 뭐 해요?

B: 가족과 같이 외출해요. 그리고 쇼핑해요.

A: ______________________________.

① 정말 좋았어요　　② 정말 좋겠어요

2. 여름 휴가에 대해 이야기하는 대화입니다. 대화를 완성하세요.

요코 휴가에 뭐 했어요?

미셸 부산에 갔다 왔어요.

요코 그래요? ______________________________?

미셸 2박 3일 동안 여행했어요.

요코 ______________________________?

미셸 바닷가에서 수영을 했어요. 그리고 회도 먹었어요.

요코 ______________________________?

미셸 어제 돌아왔어요.

들어 봅시다

1. 받아쓰기를 하세요.

(1) ______________________

(2) ______________________

(3) ______________________

(4) ______________________

(5) ______________________

2. 두 사람이 주말 활동에 대해 이야기하는 대화입니다. 잘 듣고 알맞은 것에 √표 하세요.

(1) 나타샤 씨는 주말에 밖에서 식사합니다. 네 ______ 아니요 ______

(2) 나타샤 씨는 토요일 오전에 집안일을 합니다. 네 ______ 아니요 ______

(3) 나타샤 씨는 일요일에 외출합니다. 네 ______ 아니요 ______

3. 두 사람이 어제 한 일에 대해 이야기하는 대화입니다. 대화를 듣고 답하세요.

(1) 알맞은 것에 √표 하세요.

① 마이클 씨와 요코 씨는 어제 약속이 있었습니다. 네 ______ 아니요 ______

② 마이클 씨는 어제 요코 씨와의 약속을 잊었습니다. 네 ______ 아니요 ______

(2) 요코 씨는 어제 어디에 있었습니까?

① 도서관 ② 식당 ③ 컴퓨터실

읽고 써 봅시다

1. 주말 활동에 대한 글입니다. 글을 읽고 답하세요.

> 소라 씨는 회사원입니다. 평일에 아주 바쁩니다. 그래서 보통 주말에 집안일을 합니다. 토요일 오전에 청소를 합니다. 그리고 세탁도 합니다. 오후에 보통 낮잠을 잡니다. 일요일 오전에는 텔레비전을 봅니다. 오후에는 친구를 만납니다. 친구와 같이 백화점에서 쇼핑합니다.

(1) 소라 씨는 언제 집안일을 합니까?

① 토요일 오전　　② 토요일 오후　　③ 일요일 오후

(2) 주말에 무엇을 안 합니까?

① 낮잠　　② 세탁　　③ 외식

2. 지난 주말에 대한 글입니다. 글을 읽고 답하세요.

> 저는 지난 주말에 친구와 약속이 있었습니다. 12시에 커피숍에서 친구를 만났습니다. 친구와 함께 점심 식사를 했습니다. 저는 비빔밥을 먹었습니다. 친구는 된장찌개를 먹었습니다. 식사 후에 영화관에 갔습니다. 영화관은 신촌에 있습니다. 그 후에 노래방에 갔습니다. 친구는 노래를 정말 잘했습니다. 9시쯤 집에 돌아왔습니다. 조금 피곤했습니다. 그렇지만 재미있었습니다.

(1) 지난 주말에 어디에 갔습니까? 순서대로 쓰십시오.

커피숍 → 식당 → (　　　　　) → (　　　　　) → 집

(2) 알맞은 것에 √표 하세요.

① 다음 주말에 약속이 있습니다.　　네 ______ 아니요 ______

② 두 사람은 한국 음식을 먹었습니다.　　네 ______ 아니요 ______

③ 열 시쯤 집에 돌아갔습니다.　　네 ______ 아니요 ______

3. 글을 완성하세요.

어디에 갔어요?	놀이공원
언제 갔어요?	지난 토요일
누구와 갔어요?	우리 반 친구들
무엇을 했어요?	놀이 기구를 타다 점심 식사를 하다 사진을 찍다 ……

놀이공원에서

저는 지난 토요일에 놀이공원에 갔습니다. 우리 반 친구들과 같이 갔습니다. 놀이공원에 사람들이 많았습니다. ____________________

____

____

____

____

오후 8시에 집에 돌아왔습니다. 정말 재미있었습니다.

제 7 과 가족 *Family*

어휘

1. 알맞은 단어를 쓰세요.

(1) 할아버지 , ______

아버지 · 어머니

(2) ______ 언니 나 (3) ______ (4) ______

2. 알맞은 것을 쓰세요.

10	20	30	40	50	60	70	80	90	100
열	스물			쉰		일흔			
	스무 살							아흔 살	

3. 알맞은 단어를 쓰세요.

(1)  기자

(2)  ________

(3)  ________

(4)  ________

4. 단어 퍼즐을 완성하세요.

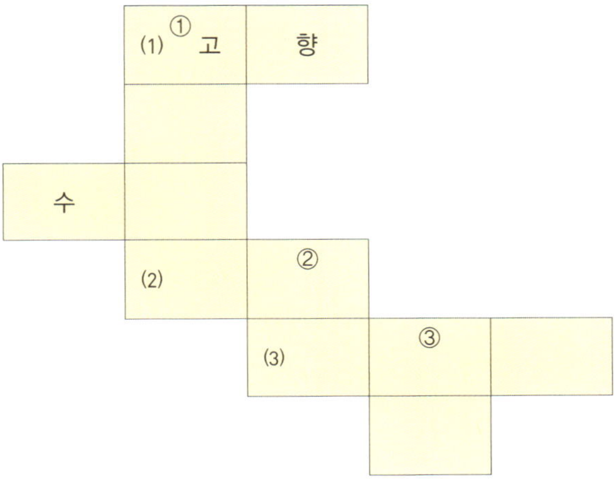

〔가로(across) →〕

(1) 저는 부산에서 왔습니다. 제 [고][향] 은 부산입니다.

(2) 일요일에  에 갑니다.

(3) 저는 대학생입니다. 대학교 [4][ ][ ] 입니다.

〔세로(down) ↓〕

① 중학교 – [ ][ ][ ][ ] – 대학교

② 남편은 회사원입니다. [ ][ ] 에 다닙니다.

③ 컴퓨터 [ ][ ] 에서 컴퓨터를 배웁니다.

준비합시다

01 나이

1. 그림을 보고 대화를 완성하세요.

(1) A: 이 사람은 누구입니까?

B: 이치로 씨입니다.

A: 몇 살입니까?

B: 스물일곱 살입니다.

(2) A: 이 사람은 누구입니까?

B: ______________________.

A: 몇 살입니까?

B: ______________________.

(3) A: 이 사람은 누구입니까?

B: ______________________.

A: 몇 살입니까?

B: ______________________.

(4) A: 이 사람은 누구입니까?

B: ______________________.

A: 몇 살입니까?

B: ______________________.

(5) A: ______________________?

B: 티엔 씨입니다.

A: ______________________?

B: 스물한 살입니다.

(6) A: ______________________?

B: 미셸 씨입니다.

A: ______________________?

B: 스물여덟 살입니다.

02 은/는(대조)

1. 알맞은 것을 고르세요.

은　　　는　　　도

(1) 미셸은 동생이 있습니다. 왕카이는 동생이 없습니다.

(2) 마이클은 남자입니다. 박영민____ 남자입니다.

(3) 이치로는 일본에서 왔습니다. 티엔____ 베트남에서 왔습니다.

(4) 이치로는 불고기를 좋아합니다. 그렇지만 갈비____ 싫어합니다.

(5) 박영민은 영어를 잘합니다. 그렇지만 중국어____ 못합니다.

03 -(으)시-

1. 표를 완성하세요.

기본형	-(으)십니다	-(으)세요
가다	가십니다	
읽다		읽으세요
운동하다		
살다		
듣다		들으세요
(교사)이다	(교사)십니다	
(회사원)이다	(회사원)이십니다	
먹다	드십니다, 잡수십니다	
자다		
있다	계십니다	

2. 글을 완성하세요.

어머니는 아침 6시에 일어나십니다. 그리고 식사 준비를 ______________(하다). 아침 7시에 가족들과 함께 아침을 ______________(먹다). 그리고 ______________(청소하다). 그 다음에 음악을 ______________(듣다). 신문도 ______________(읽다). 아침 9시부터 12시까지 집안일을 ______________(하다). 그리고 점심 식사를 ______________(하다). 어머니는 요즘 수영을 ______________(배우다). 월요일과 수요일 오후 2시부터 3시 30분까지 ______________(수영하다). 보통 오후 4시에 시장에 ______________(가다). 저녁 식사 후에 아버지와 같이 ______________(산책하다). 밤 10시에 드라마를 ______________(보다). 밤 11시에 ______________(자다).

04 ㄹ 탈락

1. 표를 완성하세요.

기본형	-ㅂ/습니다	-(으)십니다	-(으)세요
열다			
살다			
길다			
알다			
만들다			

2. 알맞은 것을 골라 대화를 완성하세요.

길다	살다	놀다	만들다	멀다

(1) A: 손님, 이 치마는 어떻습니까?

B: 예쁩니다. 그렇지만 조금 길습니다.

(2) A: 어머니가 무엇을 하십니까?

B: 김밥을 ＿＿＿＿＿＿.

(3) A: 우체국이 여기에서 가깝습니까?

B: 아니요, 조금 ＿＿＿＿＿＿.

(4) A: 왕카이 씨 부모님도 한국에 계십니까?

B: 아니요, 중국에서 ＿＿＿＿＿＿.

(5) A: 주말에 뭐 합니까?

B: 친구들하고 같이 ＿＿＿＿＿＿.

05 만

1. 대화를 완성하세요.

	결혼하다	회사원이다	요리를 잘하다	혼자 살다
마이클	×	○	×	×
티엔	×	×	×	○
나타샤	○	×	×	×
요코	×	×	○	×

(1) A: 친구들이 모두 결혼했어요?

B: 아니요, 나타샤 씨만 결혼했어요.

(2) A: 친구들이 모두 회사원이에요?

B: 아니요, ＿＿＿＿＿＿.

(3) A: 친구들이 모두 요리를 잘해요?

B: 아니요, ＿＿＿＿＿＿.

(4) A: 친구들이 모두 혼자 살아요?

B: 아니요, ＿＿＿＿＿＿.

말해 봅시다

1. 알맞은 것을 고르세요.

(1)
A: ________________________?
B: 네 명이에요. 아버지와 어머니가 계시고 동생이 한 명 있어요.

① 가족이 몇 명이에요　　② 가족이 누구예요

(2)
A: ________________________?
B: 오빠가 한 명, 남동생이 한 명 있어요.

① 형제가 닮았어요　　② 형제가 어떻게 돼요

(3)
A: ________________________?
B: 아버지는 예순둘이세요.

① 아버지가 몇 살이에요　　② 아버지 연세가 어떻게 되세요

2. 가족에 대한 대화입니다. 알맞은 것을 골라 대화를 완성하세요.

① 간호사예요. 병원에서 일해요　　② 어머니를 닮았어요　　③ 네 명이에요

왕카이 요코 씨, 가족이 모두 몇 명이에요?
요코 (1) ________________________. 아버지와 어머니가 계시고 언니가 한 명 있어요.
왕카이 그래요? 언니는 무슨 일을 하세요?
요 코 (2) ________________________.
왕카이 그런데 요코 씨는 누구를 닮았어요?
요 코 (3) ________________________.

들어 봅시다

1. 받아쓰기를 하세요. 40

(1) ____________________

(2) ____________________

(3) ____________________

(4) ____________________

(5) ____________________

2. 형제에 대한 대화입니다. 대화를 듣고 답하세요. 41

(1) 왕카이 씨 여동생은 ____________ 살입니다.

(2) 알맞은 것에 ✓표 하세요.

① 왕카이 씨의 형은 약사입니다. 네 ______ 아니요 ______

② 왕카이 씨의 여동생은 회사에 다닙니다. 네 ______ 아니요 ______

③ 왕카이 씨는 누나와 형과 여동생이 있습니다. 네 ______ 아니요 ______

3. 부모님에 대한 대화입니다. 대화를 듣고 알맞은 것에 ✓표 하세요. 42

(1) 나타샤 씨는 어머니를 닮았습니다. 네 ______ 아니요 ______

(2) 나타샤 씨 부모님은 러시아에서 사십니다. 네 ______ 아니요 ______

(3) 나타샤 씨 아버지의 생신은 지난달이었습니다. 네 ______ 아니요 ______

읽고 써 봅시다

1. 글을 읽고 알맞은 것에 ✓표 하세요.

이 분은 우리 한국어 선생님이십니다. 선생님은 마흔 살이십니다. 수영을 좋아하십니다. 신촌에서 사십니다.

(1) 선생님은 수영을 잘하십니다. 네 ______ 아니요 ______

(2) 선생님은 한국어를 가르치십니다. 네 ______ 아니요 ______

2. 형제를 소개하는 글입니다. 글을 읽고 답하세요.

요코 씨 형제는 모두 세 명입니다. 남동생이 한 명 있고 여동생이 한 명 있습니다. 남동생은 19살입니다. 지금 고등학교 3학년입니다. 남동생은 수학을 잘합니다. 그렇지만 영어는 못합니다. 여동생은 15살입니다. 중학교에 다닙니다. 여동생은 컴퓨터 게임을 좋아합니다. 그렇지만 공부는 싫어합니다.

(1) 요코 씨 형제의 나이를 쓰세요.

① 남동생: ____________ ② 여동생: ____________

(2) 알맞은 것에 ✓표 하세요.

① 요코 씨 남동생은 고등학교에 다닙니다. 네 ______ 아니요 ______

② 요코 씨 여동생은 공부를 좋아합니다. 네 ______ 아니요 ______

3. 가족을 소개하는 글입니다. 글을 읽고 답하세요.

우리 가족은 5명입니다. 아버지와 어머니가 계시고 누나와 여동생이 있습니다. 아버지는 고등학교 수학 선생님이십니다. 어머니는 주부십니다. 누나는 간호사입니다. 누나는 결혼 안 했습니다. 여동생은 초등학교 6학년입니다. 여동생은 노래를 잘합니다. 춤도 잘 춥니다. 저는 대학교 4학년입니다. 제 전공은 경제학입니다.

(1) 아버지와 누나의 직업을 쓰세요.

① 아버지: ____________________ ② 누나: ____________________

(2) 알맞은 것에 ✓표 하세요.

① 누나는 결혼했습니다. 네 ______ 아니요 ______

② 이 사람은 남자입니다. 네 ______ 아니요 ______

③ 어머니는 회사에 다니십니다. 네 ______ 아니요 ______

4. 그림을 보고 가족을 소개하는 글을 완성하세요.

아버지(53), 경찰관

어머니(50), 중학교 교사

누나(28), 간호사

나(20), 대학생
전공 : 법학
꿈 : 변호사

우리 가족

우리 가족은 모두 네 명입니다. 아버지와 어머니가 계시고 누나가 있습니다. 아버지는 ______________________________

____

____

____

저는 대학생입니다. 법학을 공부합니다. 꿈이 변호사입니다. 매일 열심히 공부합니다.

듣기 지문 및 정답

제1과 한국어와 한글 *Korean and Hangeul*

01 모음(1)

2. (1) ② (2) ② (3) ① (4) ② (5) ①

5. (1) | 우 | 유 | (2) | 여 | 우 |
(3) | 아 | 이 | (4) | 오 | 이 |

02 자음(1)

2. (1) ① (2) ② (3) ③ (4) ③ (5) ① (6) ①

5. (1) | 머 | 리 | (2) | 비 | 누 |
(3) | 모 | 자 | (4) | 구 | 두 |
(5) | 다 | 리 | (6) | 기 | 차 |

03 모음(2)

2. (1) ③ (2) ① (3) ② (4) ② (5) ③ (6) ②

5. (1) | 의 | 사 | (2) | 가 | 위 |
(3) | 회 | 사 | (4) | 의 | 자 |
(5) | 돼 | 지 | (6) | 가 | 게 |

04 자음(2)

2. (1) ② (2) ③ (3) ③ (4) ① (5) ① (6) ②

5. (1) | 쓰 | 다 | (2) | 코 | 끼 | 리 |
(3) | 아 | 빠 | (4) | 꼬 | 리 |
(5) | 찌 | 개 | (6) | 토 | 끼 |

05 받침

2. (1) ③ (2) ② (3) ③ (4) ① (5) ① (6) ②

5. (1) 발　(2) 손
(3) 입　(4) 방
(5) 눈　(6) 부 엌

06 문장

2. (1) ②　(2) ①　(3) ②　(4) ①　(5) ①　(6) ②

제2과 소개 *Introductions*

어휘

1. (2) 의자　(3) 전화　(4) 연필　(5) 사전　(6) 책상

2.

0	1	2	3	4	5	6	7	8	9	10
공, 영	일	이	삼	사	오	육	칠	팔	구	십
	11	12	13	14	15	16	17	18	19	20
	십일	십이	십삼	십사	십오	십육	십칠	십팔	십구	이십

3. (2) 중국 사람　(3) 프랑스 사람　(4) 호주 사람　(5) 러시아 사람

4. (2) ④　(3) ③　(4) ②　(5) ①

5.

(4) 전	다	(1) 요	리	사	일
화	(2) 선	한	(3) 캐	나	다
번	일	생	주	수	(5) 주
호	잠	금	님	목	부

준비합시다

01 입니다, 입니까

1. (2) 시계입니다 (3) 사전입니다 (4) 의자입니다 (5) 선생님입니다 (6) 주부입니다
2. (2) 시계입니까 (3) 사전입니까 (4) 의자입니까 (5) 선생님입니까 (6) 주부입니까

02 은/는(주제)

1. (2) 는 (3) 는 (4) 은 (5) 는
2. (2) 장민수는 한국 사람입니다. 장민수는 은행원입니다.
   (3) 소피는 프랑스 사람입니다. 소피는 영화배우입니다.
   (4) 바트는 몽골 사람입니다. 바트는 요리사입니다.
   (5) 마이클은 미국 사람입니다. 마이클은 회사원입니다.

03 이/가 아닙니다

1. (2) 이 아닙니다 (3) 이 아닙니다 (4) 가 아닙니다 (5) 가 아닙니다
2. (2) 주부가 아닙니다
   (3) 몽골 사람이 아닙니다
   (4) 영화배우가 아닙니다
   (5) 회사원이 아닙니다

04 수 ①

1. (1) ② (2) ② (3) ① (4) ② (5) ①
2. (2) 공삼일에 이이팔에 일칠공오입니다.
   (3) 공일공에 삼공구에 구일오사입니다.
   (4) 왕카이 씨 전화번호는 무엇입니까?
   (5) 수잔 씨 전화번호는 무엇입니까?

말해 봅시다

1. (1) ① (2) ① (3) ①

2.

나타샤	안녕하세요? 저는 나타샤입니다.
티엔	저는 티엔입니다.
나타샤	티엔 씨는 호주 사람입니까?
티엔	아니요, 호주 사람이 아닙니다. 베트남 사람입니다.
나타샤	티엔 씨, 무슨 일을 합니까?
티엔	저는 대학생입니다.
나타샤	아, 그래요? 저는 주부입니다. 만나서 반갑습니다.
티엔	저도 만나서 반갑습니다.

들어 봅시다

1. (1) 안녕하세요?
   (2) 저는 학생입니다.
   (3) 선생님 전화번호는 무엇입니까?
   (4) 어느 나라 사람입니까?
   (5) 만나서 반갑습니다.

2. (1) 010 – 9652 – 2379
   (2) 011 – 8420 – 9120
   (3) 02 – 298 – 9152
   (4) 070 – 2551 – 6815
   (5) 051 – 7913 – 4312

3.

왕카이	요코 씨, 안녕하세요?
요코	왕카이 씨, 안녕하세요?
왕카이	요코 씨 교실은 3층입니까?
요코	아니요, 우리 교실은 4층입니다.
왕카이	아, 그래요? 박 선생님 사무실도 4층입니까?
요코	아니요, 박 선생님 사무실은 4층이 아닙니다. 2층 204호입니다.
왕카이	고맙습니다.

(1) ③ (2) ②

읽고 써 봅시다

1. (1) ① (2) ③

2. (1) 네 (2) 아니요

3.

> 안녕하십니까?
> 저는 수잔 김입니다.
> 미국 사람입니다.
> 저는 회사원입니다.
> (한국무역에 다닙니다.)
> 만나서 반갑습니다.

제3과 학교생활 *School Life*

어휘

1. 월요일, 화요일, 목요일, 토요일

2. (2) 보다 (3) 쉬다 (4) 듣다 (5) 읽다 (6) 마시다

3. (2) ⑤ (3) ② (4) ① (5) ④

4. (2) 옷 (3) 영화 (4) 커피 (5) 컴퓨터

준비합시다

01 –습니다, –습니까

1.

기본형	–습니다	–습니까
오다	옵니다	옵니까
배우다	배웁니다	배웁니까
먹다	먹습니다	먹습니까
맛있다	맛있습니다	맛있습니까
공부하다	공부합니다	공부합니까

2. (2) 공부합니다 (3) 이야기합니다 (4) 잡니다 (5) 먹습니다 (6) 재미있습니다

02 이/가

1. (2) 가 (3) 이 (4) 가

2. (2) 아이가 잡니다.
   (3) 선생님이 전화합니다.
   (4) 빵이 맛있습니다.
   (5) 한국어가 재미있습니다.

03 을/를

1. (2) 를 (3) 를 (4) 을 (5) 를

2. (2) 학생이 음악을 듣습니다.
   (3) 요코 씨가 밥을 먹습니다.
   (4) 선생님이 영화를 봅니다.
   (5) 마이클 씨가 커피를 마십니다.

04 날짜

1. (2) 유월 십칠일입니다 (3) 팔월 육일입니다 (4) 시월 이십오일입니다

2. (2) 십이월 십오일입니다, 수요일입니다
   (3) 십이월 십구일입니다, 일요일입니다
   (4) 티엔 씨 생일이 언제입니까, 무슨 요일입니까
   (5) 크리스마스가 언제입니까, 무슨 요일입니까
   (6) 졸업식이 언제입니까, 무슨 요일입니까

05 에(방향)

1. (2) 식당에 갑니다
   (3) 기숙사에 갑니다
   (4) 서점에 갑니다
   (5) 커피숍에 갑니다

말해 봅시다

1. (1) ① (2) ② (3) ②

2.

요코	미셸 씨, 한국 생활이 어떻습니까?
미셸	재미있습니다.
요코	요즘 무엇을 합니까?
미셸	한국 요리를 배웁니다.
요코	한국 요리가 재미있습니까?
미셸	네, 재미있습니다. 그렇지만 어렵습니다.
요코	요리 수업이 무슨 요일입니까?
미셸	수요일입니다.

들어 봅시다

1. (1) 학생이 공부합니다.
   (2) 책이 많습니다.
   (3) 선생님이 영화를 봅니다.
   (4) 오늘은 2월 8일(이월 팔일)입니다.
   (5) 요코 씨가 서점에 갑니다.

2. (1) ② (2) ①

3.

나타샤	김정우 씨, 지금 어디에 갑니까?
김정우	서점에 갑니다. 나타샤 씨는 어디에 갑니까?
나타샤	백화점에 갑니다. 친구 생일입니다.
김정우	친구 생일이 언제입니까?
나타샤	7월 15일입니다.
김정우	일요일입니까?
나타샤	네, 그렇습니다.

(1) ① (2) ①

읽고 써 봅시다

1. (1) 아니요 (2) 네

2. (1) 네 (2) 아니요

3. (1) ② (2) ①

제4과 집 *Home*

어휘

1. (2) 밑　(3) 옆　(4) 위　(5) 뒤　(6) 앞

2. (2) 지갑　(3) 우산　(4) 시계　(5) 열쇠　(6) 필통

3.

	② 책			③ 화
(1) ① 옷	장			장
걸			(2) 침	대
이				
		(3) 소	파	

4. (2) 욕실　(3) 서재　(4) 거실　(5) 부엌

준비합시다

01 이, 그, 저

1. (2) 이것이　(3) 저것이　(4) 저것이　(5) 그것이　(6) 그것이

02 에(위치)

1. (2) 소파 옆에 있습니다　(3) 탁자 위에 있습니다　(4) 탁자 밑에 있습니다

2. (2) 영화관 바로 옆에 있습니다
   (3) 우체국 옆에 있습니다(식당과 우체국 사이에 있습니다)
   (4) 병원 맞은편에 있습니다
   (5) 편의점과 학교 사이에 있습니다
   (6) 약국 건너편(맞은편)에 있습니다(은행 옆에 있습니다)

03 하고, 과/와

1. (2) 침대와 옷장이　(3) 열쇠와 연필이　(4) 선생님과 학생이　(5) 사무실과 컴퓨터실이

2. (2) 신문하고 전화가 있습니다

(3) 열쇠하고 지갑이 있습니다
(4) 병원하고 약국이 있습니다
(5) 책하고 연필이 있습니다

04 -(으)세요

1.

기본형	-(으)세요	-지 마세요	기본형	-(으)세요	-지 마세요
오다	오세요	오지 마세요	앉다	앉으세요	앉지 마세요
쓰다	쓰세요	쓰지 마세요	말하다	말하세요	말하지 마세요
입다	입으세요	입지 마세요	전화하다	전화하세요	전화하지 마세요
읽다	읽으세요	읽지 마세요	숙제하다	숙제하세요	숙제하지 마세요

2. (2) 책을 읽으세요
(3) 친구를 만나세요
(4) 컴퓨터를 배우세요
(5) 한국어를 공부하세요

05 (으)로(방향)

1. (2) 2층으로 가세요 (3) 오른쪽으로 가세요 (4) 왼쪽으로 가세요 (5) 3층으로 가세요

말해 봅시다

1. (1) ② (2) ② (3) ①

2.

마이클	저, 실례합니다. 이 근처에 우체국이 있습니까?
김수진	네. 백화점 근처에 있습니다.
마이클	우체국에 어떻게 갑니까?
김수진	똑바로 가세요. 그리고 오른쪽으로 가세요. 은행 옆에 있습니다.
마이클	(여기에서) 가깝습니까?
김수진	네. 가깝습니다.
마이클	정말 고맙습니다.

들어 봅시다

1. (1) 신문이 어디에 있습니까?
   (2) 똑바로 가세요.
   (3) 2층(이 층)에 세탁실이 있습니다.
   (4) 우체국 건너편에 병원이 있습니다.
   (5) 책상 위에 컴퓨터하고 시계가 있습니다.

2. (1) A: 가방이 어디에 있습니까?
   B: 옷장 안에 있습니다.

   (2) A: 전자사전이 어디에 있습니까?
   B: 침대 위에 있습니다.

   (3) A: 우산이 침대 위에 있습니까?
   B: 아니요. 옷장과 탁자 사이에 있습니다.

   (4) A: 열쇠가 의자 위에 있습니까?
   B: 아니요. 화장대 밑에 있습니다.

   (5) A: 지갑이 화장대 서랍 안에 있습니까?
   B: 아니요. 탁자 위에 있습니다. 컵 바로 뒤에 있습니다.

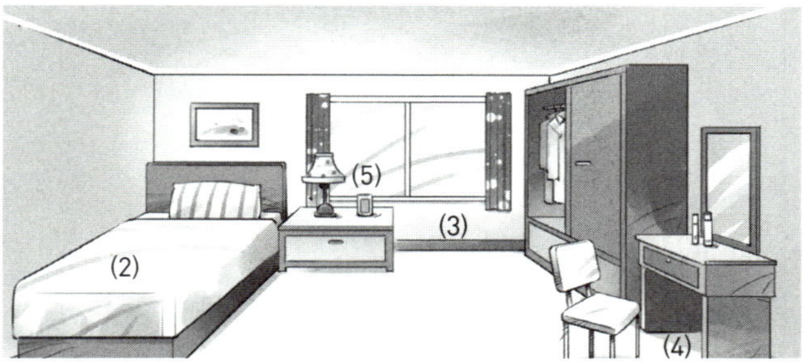

3.

마이클	여보세요?
이소라	마이클 씨, 저 이소라입니다. 제가 지금 회사 사무실 앞에 있습니다. 그런데 사무실 열쇠가 없습니다. 마이클 씨, 혹시 사무실 열쇠가 있습니까?
마이클	네. 제 가방 안에 있습니다.
이소라	그렇습니까? 마이클 씨 지금 어디에 있습니까?
마이클	지하철역 근처에 있습니다.
이소라	언제 사무실에 옵니까?
마이클	지금 회사에 갑니다. 잠깐만 기다리세요.
이소라	네, 정말 고맙습니다.

(1) 네　(2) 아니요　(3) 네

읽고 써 봅시다

1. (1) 네　(2) 네　(3) 아니요

2.

<table>
<tr><td>6F</td><td colspan="6">방</td></tr>
<tr><td>5F</td><td colspan="6">방</td></tr>
<tr><td>4F</td><td colspan="6">휴게실</td></tr>
<tr><td>3F</td><td colspan="6">도서관</td></tr>
<tr><td>2F</td><td colspan="2">세탁실</td><td colspan="2">식당</td><td colspan="2">컴퓨터실</td></tr>
<tr><td>1F</td><td colspan="3">사무실</td><td colspan="3">로비</td></tr>
</table>

3.

내 방

이 방이 제 방입니다. 제 방에 침대와 책상과 책장이 있습니다. 침대 위에 곰인형이 있습니다. 침대 앞에 탁자가 있습니다. 탁자 위에 꽃병이 있습니다. 침대 맞은편에 책상과 책장이 있습니다. 책장 안에 책과 사진이 있습니다. 그리고 책상 위에 컴퓨터가 있습니다. 책상 앞에 의자가 있습니다. 책상 옆에 휴지통이 있습니다. 제 방은 정말 좋습니다.

제5과 하루 일과 *Daily Schedule*

어휘

1. (2) 회의하다　(3) 잠을 자다　(4) 아침을 먹다　(5) 출근하다　(6) 세수하다

2. (2) 다섯 개　(3) 여섯 개　(4) 두 개　(5) 일곱 개

3. (2) 여덟 시 오십오 분
(3) 일곱 시 삼 분
(4) 열두 시 사십오 분(한 시 십오 분 전)

(5) 두 시 삼십 분(두 시 반)
(6) 한 시 삼십팔 분

4. (2) 낮 2시 (3) 저녁 7시 (4) 밤 11시 (5) 새벽 3시

준비합시다

01 수 ②

1. (2) 두 개 (3) 일곱 개 (4) 여덟 개 (5) 네 개

02 시간

1. (2) 오전 열한 시 삼십 분입니다
(3) 오후 두 시입니다
(4) 오후 네 시입니다

03 에(시간)

1. (2) 다섯 시 삼십 분에 회의합니다
(3) 한 시에 수업이 끝납니다
(4) 아홉 시 사십오 분에 수영을 배웁니다
(5) 여덟 시 이십오 분에 학교에 갑니다

2. (2) 12월 12일에 데이트합니다
(3) 12월 13일에 영화를 봅니다
(4) 수요일에 수영을 배웁니다
(5) 월요일에 중국어를 가르칩니다

04 부터 ~까지

1. (2) 7월 25일부터 31일까지입니다
(3) 4시 40분부터 6시까지입니다
(4) 목요일부터 금요일까지입니다

2. (2) 오후 12시 30분부터 1시 30분까지
(3) 오후 3시부터 5시까지
(4) 저녁 7시부터 9시까지
(5) 밤 9시부터 11시까지

05 -아/어요

1.

기본형	-아/어요	기본형	-아/어요
가다	가요	숙제하다	숙제해요
보다	봐요	듣다	들어요
먹다	먹어요	만들다	만들어요
주다	줘요	살다	살아요
마시다	마셔요	(의사)이다	(의사)예요
가르치다	가르쳐요	(학생)이다	(학생)이에요

2.

리처드 씨는 미국 사람이에요. 지금 한국에서 살아요. 무역 회사에 다녀요. 보통 아침 7시 반에 일어나요. 8시에 신문을 읽어요. 8시 30분에 회사에 가요. 9시부터 6시까지 일해요. 저녁에 한국어를 배워요. 월요일부터 목요일까지 공부해요. 수업은 저녁 7시부터 9시까지예요. 리처드 씨는 수업 후에 친구와 저녁을 먹어요. 식사 후에 집에서 쉬어요.

말해 봅시다

1. (1) ① (2) ② (3) ②

2.

직원 이화 문화센터입니다.
마이클 말씀 좀 묻겠습니다. 다음 달 프로그램이 언제 시작합니까?
직원 8월 2일에 시작합니다.
마이클 그렇습니까? 노래 교실은 언제 합니까?
직원 노래 교실은 화요일과 목요일 오전 10시에 합니다.
마이클 사진 교실은 언제입니까?
직원 토요일 오후 4시입니다.
마이클 네, 알겠습니다. 고맙습니다.

들어 봅시다

1. (1) 의자가 네 개 있어요.
   (2) 몇 시에 일어나요?
   (3) 수업 시간은 언제예요?
   (4) 8시(여덟 시) 반에 아침을 먹어요.
   (5) 6시(여섯 시)부터 7시 30분(일곱 시 삼십 분)까지 수영해요.

2. (1) 7시 30분 (2) 3시 12분 (3) 8시 45분
   (4) 11시 55분 (5) 5시 30분부터 7시 30분까지

3.

병원 직원	이화 병원입니다.
마이클	말씀 좀 묻겠습니다.
병원 직원	네, 말씀하세요.
마이클	병원이 몇 시에 시작해요?
병원 직원	아침 9시 반에 문을 열어요.
마이클	점심시간은 언제예요?
병원 직원	12시부터 1시까지예요.
마이클	그러면 몇 시에 문을 닫아요?
병원 직원	6시에 닫아요. 그렇지만 토요일은 3시에 끝나요.
마이클	네, 알겠습니다.

(1) ① (2) ① 네 ② 네 ③ 아니요

읽고 써 봅시다

1. (1) ③ (2) ②

2. (1) ③ (2) ② (3) ③

3.

에릭 씨의 하루 일과

에릭 씨는 아침 6시에 일어납니다. 그리고 6시 10분에 세수합니다. 6시 45분에 아침을 먹습니다. 식사 후에 학교에 갑니다. 에릭 씨는 영어 선생님입니다. 7시에 학교에 갑니다. 9시부터 12시까지 영어를 가르칩니다. 12시부터 1시까지 점심을 먹습니다. 1시에 퇴근합니다. 퇴근 후에 스포츠 센터에 갑니다. 2시부터 4시까지 운동을 합니다. 운동 후에 샤워합니다. 7시부터 9시까지 한국말을 배웁니다. 보통 10시에 집에 갑니다.

제6과 주말 *Weekend*

어휘

1. (2) 여행하다 (3) 쇼핑하다 (4) 외식하다 (5) 산책하다 (6) 집안일을 하다

2. (2) 어제 (3) 이번 달 (4) 다음 주말 (5) 작년

3. (2) ④ (3) ③ (4) ② (5) ①

4. (2) 기념품 (3) 회의 (4) 수업

5.

(2) 외	다	(1) 평	일	날	일
식	요	한	목	낮	(4) 노
말	일	진	(3) 주	수	래
(5) 낮	잠	금	말	목	방

준비합시다

01 에서(장소)

1. (2) 에 (3) 에서 (4) 에 (5) 에서

02 안

1.

기본형	안	기본형	안
가다	안 가요	전화하다	전화 안 해요
마시다	안 마셔요	일하다	일 안 해요
먹다	안 먹어요	수영하다	수영 안 해요
읽다	안 읽어요	운동하다	운동 안 해요
만들다	안 만들어요	외출하다	외출 안 해요

2. (2) 식사 후에 커피를 안 마셔요
(3) 기숙사에서 안 살아요
(4) 보통 집에서 요리 안 해요
(5) 한국 신문을 안 읽어요

03 으 탈락

1.

기본형	–아/어요	–았/었어요
예쁘다	예뻐요	예뻤어요
아프다	아파요	아팠어요
크다	커요	컸어요
바쁘다	바빠요	바빴어요
끄다	꺼요	껐어요
쓰다	써요	썼어요

2. (2) 바빠요 (3) 예뻐요 (4) 꺼요 (5) 아파요

04 –았/었–

1.

기본형	–았/었어요	–았/었습니다
보다	봤어요	봤습니다
기다리다	기다렸어요	기다렸습니다
먹다	먹었어요	먹었습니다
읽다	읽었어요	읽었습니다
살다	살았어요	살았습니다
공부하다	공부했어요	공부했습니다
전화하다	전화했어요	전화했습니다
듣다	들었어요	들었습니다

2.

요코 씨는 어제 친구를 만났어요. 친구하고 같이 영화관에 갔어요. 영화관에서 한국 영화를 봤어요. 영화가 재미있었어요. 요코 씨와 친구는 저녁 식사를 했어요. 요코 씨는 피자를 먹었어요. 그리고 친구는 스파게티를 먹었어요. 식사 후에 커피숍에서 차를 마셨어요. 9시에 집에 돌아왔어요.

05 도

1. (2) 한국 드라마도 봅니다
   (3) 수첩도 샀습니다
   (4) 노래도 잘합니다

말해 봅시다

1. (1) ② (2) ① (3) ②

2.

요코	휴가에 뭐 했어요?
미셸	부산에 갔다 왔어요.
요코	그래요? 얼마 동안 여행했어요?
미셸	2박 3일 동안 여행했어요.
요코	거기에서 뭐 했어요?
미셸	바닷가에서 수영을 했어요. 그리고 회도 먹었어요.
요코	언제 돌아왔어요?
미셸	어제 돌아왔어요.

들어 봅시다

1. (1) 지난주에 뭐 했어요?
   (2) 주말에 보통 외출 안 해요.
   (3) 지금 제가 너무 바빠요.
   (4) 도서관에서 책을 빌렸어요.
   (5) 바닷가에서 수영을 했어요. 사진도 찍었어요.

2.

이치로	나타샤 씨는 주말에 외식을 합니까?
나타샤	아니요, 보통 집에서 식사합니다.
이치로	그래요? 주말에 집안일을 합니까?
나타샤	네. 보통 토요일 오후에 합니다.
이치로	그러면 일요일에 집에서 쉽니까?
나타샤	아니요, 외출합니다. 친구를 만납니다.

(1) 아니요 (2) 아니요 (3) 네

3.

요코	마이클 씨, 왜 어제 전화 안 했어요?
마이클	어제 아주 바빴어요.
요코	그래요? 어제 1시에 무엇을 했어요?
마이클	1시에 학교 앞 식당에서 점심 식사를 했어요.
요코	그러면 왜 오후 4시에 전화 안 했어요?
마이클	그때는 학교 도서관에서 친구하고 같이 공부를 했어요.
요코	그래요? 어제 저도 4시에 도서관에 있었어요. 그런데 마이클 씨도 도서관에 있었어요?
마이클	아~ 정말 미안해요. 약속을 잊었어요.

(1) ① 네 ② 네 (2) ①

읽고 써 봅시다

1. (1) ① (2) ③

2. (1) 영화관, 노래방 (2) ① 아니요 ② 네 ③ 아니요

3.

놀이공원에서

저는 지난 토요일에 놀이공원에 갔습니다. 우리 반 친구들과 같이 갔습니다. 놀이공원에 사람들이 많았습니다. 놀이공원에서 놀이기구를 탔습니다. 아주 재미있었습니다. 놀이공원에 식당이 있었습니다. 한식당과 일식당이 있었습니다. 그리고 이탈리아 식당도 있었습니다. 우리는 이탈리아 식당에서 스파게티를 먹었습니다. 맛있었습니다. 식사 후에 사진을 많이 찍었습니다. 친구들과 이야기도 많이 했습니다. 오후 8시에 집에 돌아왔습니다. 정말 재미있었습니다.

제7과 가족 *Family*

어휘

1. (1) 할머니 (2) 오빠 (3) 남동생 (4) 여동생

2.

10	20	30	40	50	60	70	80	90	100
열	스물	서른	마흔	쉰	예순	일흔	여든	아흔	백
열 살	스무 살	서른 살	마흔 살	쉰 살	예순 살	일흔 살	여든 살	아흔 살	백 살

3. (2) 간호사 (3) 약사 (4) 미용사

4.

	(1)①고	향		
	등			
수	학			
	(2)교	②회		
		(3)사	③학	년
			원	

준비합시다

01 나이

1. (2) 왕카이 씨입니다, 스무 살입니다
   (3) 나타샤 씨입니다, 서른두 살입니다
   (4) 마이클 씨입니다, 스물여섯 살입니다
   (5) 이 사람은 누구입니까, 몇 살입니까
   (6) 이 사람은 누구입니까, 몇 살입니까

02 은/는(대조)

1. (2) 도 (3) 은 (4) 는 (5) 는

03 –(으)시–

1.

기본형	–(으)십니다	–(으)세요
가다	가십니다	가세요
읽다	읽으십니다	읽으세요
운동하다	운동하십니다	운동하세요
살다	사십니다	사세요

듣다	들으십니다	들으세요
(교사)이다	(교사)십니다	교사세요
(회사원)이다	(회사원)이십니다	회사원이세요
먹다	드십니다, 잡수십니다	드세요, 잡수세요
자다	주무십니다	주무세요
있다	계십니다	계세요

2. 어머니는 아침 6시에 일어나십니다. 그리고 식사 준비를 하십니다. 아침 7시에 가족들과 함께 아침을 드십니다. 그리고 청소하십니다. 그 다음에 음악을 들으십니다. 신문도 읽으십니다. 아침 9시부터 12까지 집안일을 하십니다. 그리고 점심 식사를 하십니다. 어머니는 요즘 수영을 배우십니다. 월요일과 수요일 오후 2시부터 3시 30분까지 수영하십니다. 보통 오후 4시에 시장에 가십니다. 저녁 식사 후에 아버지와 같이 산책하십니다. 밤 10시에 드라마를 보십니다. 밤 11시에 주무십니다.

04 ㄹ 탈락

1.

기본형	-ㅂ/습니다	-(으)십니다	-(으)세요
열다	엽니다	여십니다	여세요
살다	삽니다	사십니다	사세요
길다	깁니다	기십니다	기세요
알다	압니다	아십니다	아세요
만들다	만듭니다	만드십니다	만드세요

2. (2) 만드십니다 (3) 멉니다 (4) 사십니다 (5) 놉니다

05 만

1. (2) 마이클 씨만 회사원이에요
   (3) 요코 씨만 요리를 잘 해요
   (4) 티엔 씨만 혼자 살아요.

말해 봅시다

1. (1) ① (2) ② (3) ②

2. (1) ③ (2) ① (3) ②

들어 봅시다

1. (1) 형제가 몇 명입니까?
   (2) 부모님만 미국에서 사세요.
   (3) 아버지가 회사에 다니십니다.
   (4) 언니는 어머니를 많이 닮았어요.
   (5) 아버지는 58(쉰여덟), 어머니는 56(쉰여섯)이세요.

2.

티엔	왕카이 씨는 형제가 어떻게 돼요?
왕카이	형과 여동생 그리고 저, 모두 3명이에요.
티엔	형은 무슨 일을 하세요?
왕카이	형은 약사예요.
티엔	여동생은 몇 살이에요?
왕카이	스물두 살이에요.
티엔	여동생은 무슨 일을 해요?
왕카이	대학생이에요.

(1) 22(스물두) (2) ① 네 ② 아니요 ③ 아니요

3.

마이클	이거 나타샤 씨 가족사진이에요?
나타샤	네, 지난달 아버지 생신에 찍었어요.
마이클	이 분이 아버지세요? 나타샤 씨가 아버지를 닮았군요.
나타샤	네, 그래요.
마이클	아버지는 연세가 어떻게 되세요?
나타샤	쉰다섯이세요.
마이클	이 분은 어머니세요?
나타샤	네, 그래요.
마이클	어머니가 정말 예쁘세요. 부모님은 러시아에서 사세요?
나타샤	아니요, 캐나다에서 사세요.
마이클	아, 그래요?

(1) 아니요 (2) 아니요 (3) 네

읽고 써 봅시다

1. (1) 아니요　　(2) 네

2. (1) ① 19(열아홉)살　② 15(열다섯)살
　(2) ① 네　② 아니요

3. (1) ① 선생님　② 간호사
　(2) ① 아니요　② 네　③ 아니요

4.

우리 가족

　우리 가족은 모두 네 명입니다. 아버지와 어머니가 계시고 누나가 있습니다. 아버지는 경찰관이십니다. 쉰셋이십니다. 매일 바쁘십니다. 어머니는 중학교에서 영어를 가르치십니다. 쉰이십니다. 어머니는 요리를 잘 하십니다. 누나는 간호사입니다. 스물여덟 살입니다. 저는 대학생입니다. 스무 살입니다. 법학을 전공합니다. 제 꿈은 변호사입니다. 그래서 매일 열심히 공부합니다.

지은이 소개

이미혜 이화여자대학교 교육대학원 외국어로서의 한국어교육전공 조교수
이화여자대학교 국어국문학과 박사

구재희 이화여자대학교 언어교육원 강사
이화여자대학교 국어국문학과 박사

박선현 이화여자대학교 언어교육원 강사
한국외국어대학교 교육대학원 외국어로서의 한국어교육전공 석사

안소정 이화여자대학교 언어교육원 강사
고려대학교 대학원 문화유산학 협동과정 박사 과정

오유영 이화여자대학교 언어교육원 전임강사
이화여자대학교 한국학과 박사 수료

MP3 목차

• 본 교재의 듣기 자료는 이화여자대학교출판문화원 홈페이지(www.ewhapress.com) '자료실'에서 내려받을 수 있습니다.

트랙	단원	타이틀	페이지	트랙	단원	타이틀	페이지
1	1과	모음(1)-1	10	22	1과	문장-2	21
2	1과	모음(1)-2	10	23	1과	문장-3	22
3	1과	모음(1)-4	11	24	1과	문장-4	22
4	1과	모음(1)-5	11	25	2과	들어 봅시다-1	31
5	1과	자음(1)-1	12	26	2과	들어 봅시다-2	31
6	1과	자음(1)-2	12	27	2과	들어 봅시다-3	31
7	1과	자음(1)-4	14	28	3과	들어 봅시다-1	41
8	1과	자음(1)-5	14	29	3과	들어 봅시다-2	41
9	1과	모음(2)-1	15	30	3과	들어 봅시다-3	41
10	1과	모음(2)-2	15	31	4과	들어 봅시다-1	51
11	1과	모음(2)-4	16	32	4과	들어 봅시다-2	51
12	1과	모음(2)-5	16	33	4과	들어 봅시다-3	51
13	1과	자음(2)-1	17	34	5과	들어 봅시다-1	61
14	1과	자음(2)-2	17	35	5과	들어 봅시다-2	61
15	1과	자음(2)-4	18	36	5과	들어 봅시다-3	61
16	1과	자음(2)-5	18	37	6과	들어 봅시다-1	71
17	1과	받침-1	19	38	6과	들어 봅시다-2	71
18	1과	받침-2	19	39	6과	들어 봅시다-3	71
19	1과	받침-4	20	40	7과	들어 봅시다-1	81
20	1과	받침-5	21	41	7과	들어 봅시다-2	81
21	1과	문장-1	21	42	7과	들어 봅시다-3	81